中公文庫

沖　田　総　司

新選組孤高の剣士

相川　司

中央公論新社

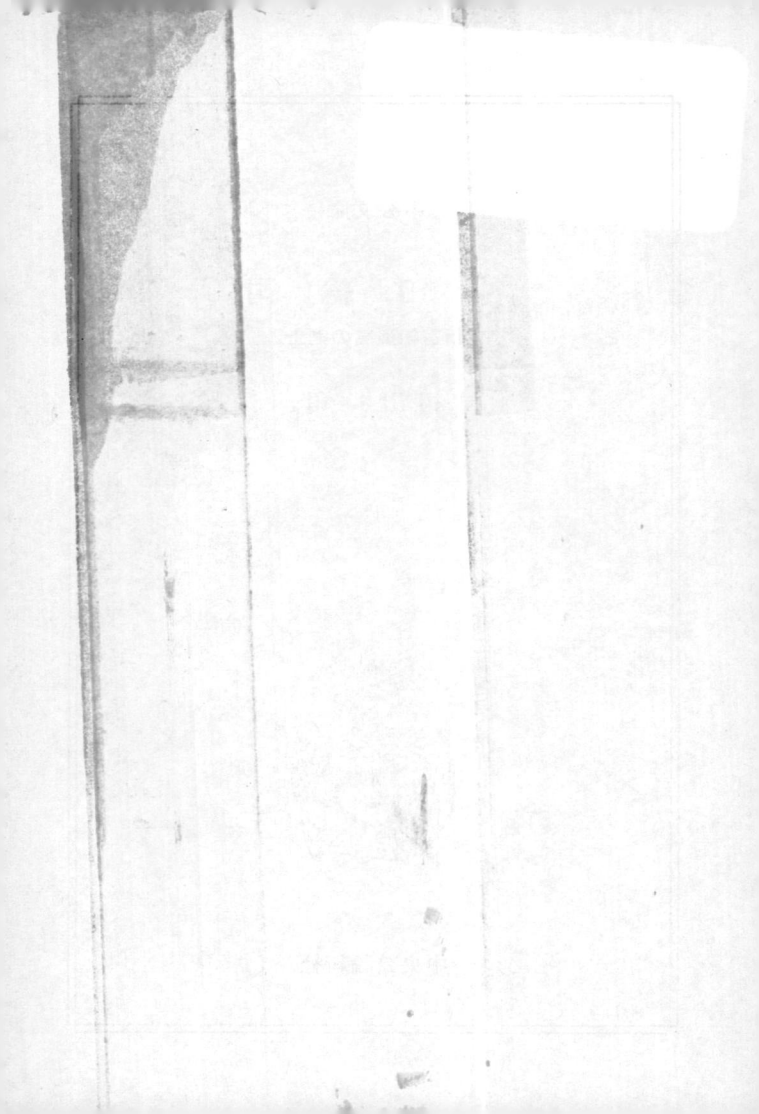

まえがき

幕末の京都で、新選組一番組頭として活躍したのが沖田総司である。最近のアンケートでも、隊士の中でベスト3に入る人気を誇る。

彼については、「隊中第一等の剣客なり」「誠に残酷な人間」という評価がある一方で、「よく冗談をいって、子供と遊んだ」「正直な気のいい人物だった」という話も伝わる。

新選組を代表する武闘派でありながら、心根の優しい好青年――。

そういう二面性が、沖田総司の放つ魅力なのだろう。

人気を集めるもう一つの理由は、総司が二十七歳の若さで病死したことにある。そのため、ファンは自らの青春を総司に投影させて、自分なりの総司像をイメージできるのだ。あるときは颯爽と池田屋に斬り込む姿を、またあるときは肺結核を患って孤独な死を遂げる最期を……。

現在の東京都港区で生れた総司は、江戸市中の「試衛館《しえいかん》」で天然理心流を学ぶ。

文久三年（一八六三）、総司が二十二歳のとき、師匠の近藤勇（宮川家の生れ、東京都調布市出身）、同門の土方歳三（東京都日野市出身）、井上源三郎（同）らとともに上洛して壬生《み》浪《ぶ》士組を結成する。これが、後の新選組の母体である。

総司以外の三人は東京都多摩地方の出身で、近藤勇と土方歳三は義兄弟の契りを交わした。それより前に近藤勇は、試衛館の後援者である日野宿［東京都日野市］名主・佐藤彦五郎（歳三の義兄）と小野路《おのじ》村［東京都町田市］名主・小島鹿之助と義兄弟になったと伝えられる。

次に井上源三郎の生家は、佐藤彦五郎邸のすぐ近くにあり、兄の八王子千人同心・井上松五郎は試衛館の有力な門人である。

その井上家と、白河藩江戸下屋敷で足軽小頭を勤める沖田家とは、代々の親戚で非常に親密な関係にあった。また試衛館の内弟子になった総司には、近藤勇の義弟とする伝承もある。

つまり、試衛館と多摩との地縁や血縁関係が、後の新選組幹部を育んだわけで、総司の青春もその中にあった。

現在、京都の新選組時代に総司が記した手紙は七通が確認されており、内三通は短い年賀状である。その七通の内訳は、宮川音五郎（勇の実兄）宛てが二通、佐藤彦五郎宛てが二通、小島鹿之助宛てが三通となっている。上洛してからも、多摩の後援者や関係者との密接な関係を、総司は維持し続けたのである。

本書は、さまざまな史料、談話、伝承を用いて、「沖田総司の生涯」をできるだけリアルに描くことを目指した。とはいえ、断片的なものが多いので、その間隙は著者の推論で補って、総司に関する様々な謎の解明に努めた。

具体的には、総司はなぜ家督を継げなかったのか、総司に妻はいたのか、総司はいつ発病したのか、総司の療養先を仲介したのは誰か……、といった謎である。

詳しくは本文で述べるとして、これから読者とともに「沖田総司を追跡する旅」に出たいと思う。期間は、生年の天保十三年（一八四二）から病死を遂げる慶応四年（一八六八）五月三十日までである。

江戸が東京と改称されたのは、慶応四年七月十七日。次いで慶応四年が明治元年と改元されたのは、九月八日のこと。そう、総司は新しい東京の名称や明治の元号を知ることなく、数え年二十七歳でこの世を去ったのである。

なお、読者の方の読みやすさなどを考慮して、引用史料の一部に意訳（現代語訳）を用いた。同様の観点から、引用史料の出典も、『新撰組顚末記』を『顚末記』、『浪士文久報国記事』を『報国記事』といったように、適宜省略形を用いたものもある。また、登場する人物への敬称は省略した。以上の点をお断りしておきたい。

目次

沖田総司年表

和暦	西暦	年齢	事項
天保13年	1842	1歳	総司誕生
弘化2年	1845	4歳	父勝次郎死亡
嘉永4年	1851	10歳	沖田林太郎・ミツ結婚
嘉永6年頃	1853	12歳	総司試衛館入門
安政5年	1858	17歳	日野八坂神社献額
文久元年	1861	20歳	府中野試合
文久3年	1863	22歳	壬生浪士組（後の新選組）結成、芹沢鴨暗殺
元治元年	1864	23歳	池田屋事変、第1次隊士募集
慶応元年	1865	24歳	第2次隊士募集
慶応3年	1867	26歳	総司発病、幕臣取り立て、油小路の変
慶応4年	1868	27歳	鳥羽伏見の戦い、新選組江戸帰還、甲陽鎮撫隊結成、総司死亡

沖田総司

新選組孤高の剣士

第一章　江戸編——沖田総司の青春

総司の墓碑

慶応四年（一八六八）五月三十日、沖田総司は江戸千駄ヶ谷の地で没した。遺体は、沖田家代々の菩提寺である麻布桜田町［港区元麻布］の専称寺に埋葬された。現在の六本木ヒルズ近くに位置する浄土宗の寺である。

誰が遺体を運んだのか、墓を依頼したのか、などはわかっていないが、寺の墓地に小さな墓が建立された。家紋は「丸に木瓜《もっこう》」である。この墓は風化が激しく、現在では非公開となっている。

賢光院仁誉明道居士《けんこういんじんよみょうどうこじ》　慶応四年辰年五月晦日《みそか》

これが総司の戒名と没年月日であり、右側面に「沖田宗治郎墓」と俗名が刻まれている。順次説明すると、まず戒名は法名ともいい、寺の住職が死者に贈る名前で以下の四段から構成される。右を例にとると、〈賢光院＝院号、仁誉＝道号、明道＝戒名、居士＝位号〉となる。

院号は、信心の厚い身分の高い人に授けられる。道号は浄土宗では誉号といい、「誉」は最上級を意味する。

成人男性の位号には、〈居士—禅定門—信士《しんじ》〉の区分があり、居士が最も格が高い。成人女性の位号は〈大姉《だいし》—禅定尼《ぜんじょうに》—信女《しんにょ》〉で、それまでの沖田家の物故者は、信士または信女が付けられた。

つまり総司の戒名から窺えるのは、身分ある武士（上士）として大層手厚く葬られた、ということである。

次に俗名の沖田宗治郎は、生前の姓名。江戸時代では、たとえば「新選組、新撰組」「白河藩、白川藩」といった二通りの表記があるように、表音が同じであれば当て字でも構わない。あまり漢字表記には拘らなかったわけで、これを音便という。

総司の通称にもさまざまな表記がある。

江戸在住の頃は、「宗次郎、総次郎、総司郎、惣次郎」と「郎」の付くものが多く、上洛の前後からは、「総司、総二、宗司、惣司」などと書かれる。したがって埋葬の依頼者

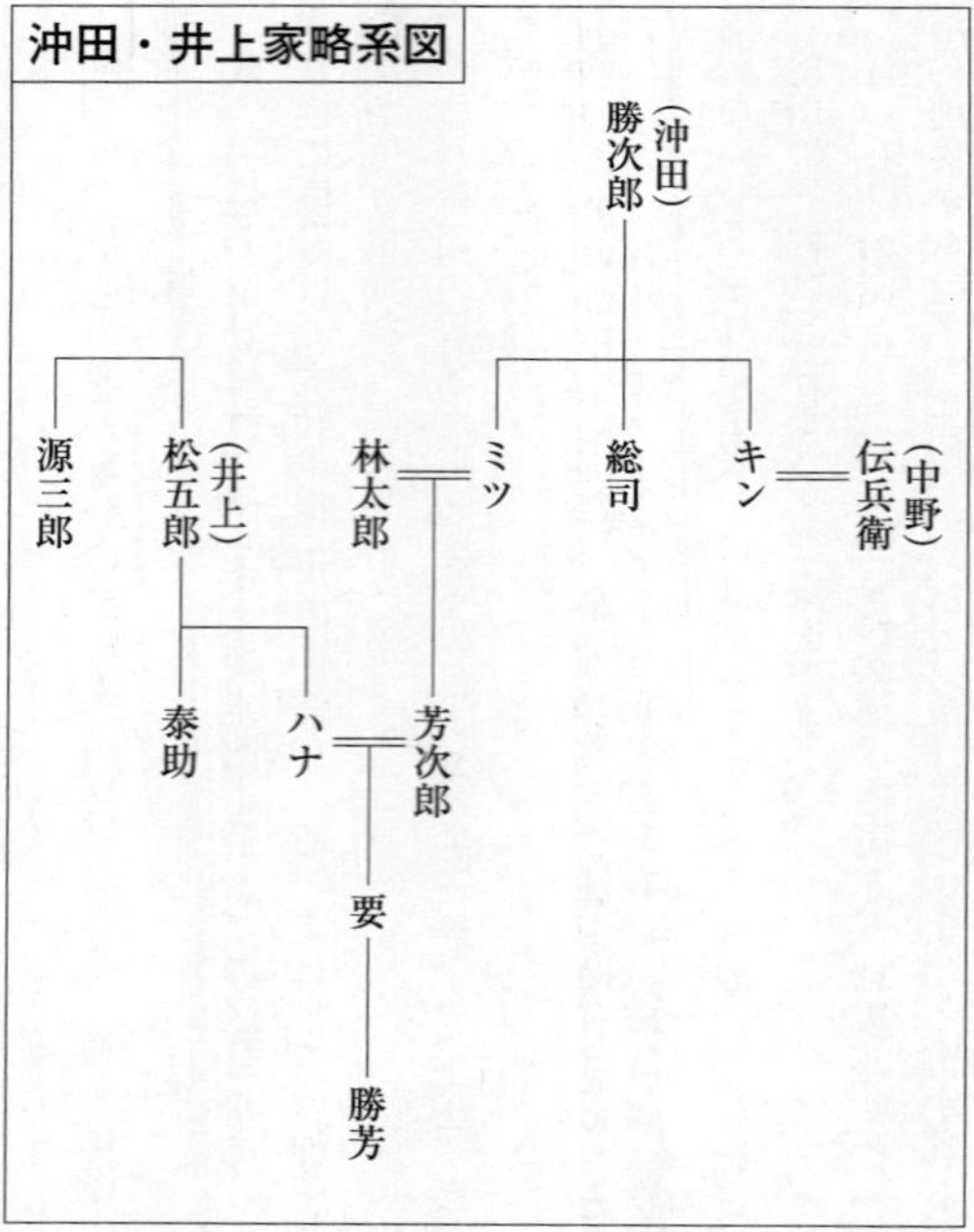

は、江戸在住の「宗治郎」を見知る人だったと思われる。

総司を「そうし」と読む向きもあるが、自筆の書状に総二とあるので、読み方は「そうじ」が正しい。本書の引用文には、以降、総司に関するさまざまな表記が登場するが、特段の注は加えていない。お含みおき頂きたい。

このリアルタイムに建てられた墓の近くに、もう一つ沖田家累代の墓がある。

昭和十四年（一九三九）に沖田家当主の要《かなめ》が、総司とその甥の芳次郎《よしじろう》（要の父）の二人を顕彰するために建立したものである。

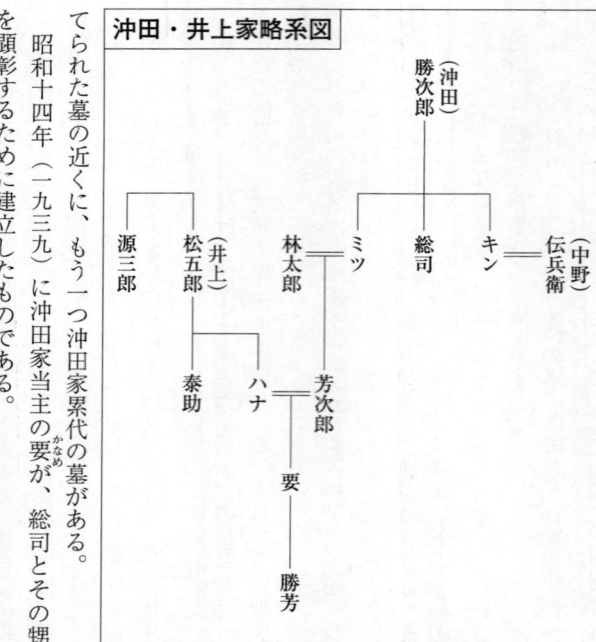

墓碑銘には、次のように刻まれる。

北辰一刀流免許皆伝／天然理心流免許皆伝／新選組隊長近藤勇義弟／新選組剣道師範頭／沖田総司藤原房良《かねよし》之霊

側面には「慶応四年五月三十日　房良行年二十四歳」とある。

総司が北辰一刀流を修業したことはないが、それはさておき、注意すべきは総司を「近藤勇の義弟」とする点だ。詳しくは後で触れるとして、今は沖田家の伝承を追いたい。

沖田家の伝承

沖田家には、総司に関する二種類の文書が伝わる。といっても、同時代の記録ではなく、昭和以降に書かれたものと思われるが、そこに彼の経歴が簡潔に描かれている。

まず、古い方の文書を便宜上『沖田家古文書』と名付けて、次に掲げよう。累代の墓を建てた沖田要の筆と思われる。

沖田総司房良、幼にして天然理心流近藤周助の門に入り、剣を学ぶ。異色あり。十有二歳、奥州白河阿部指南番と剣を闘わせ、勝を制す。斯名《しめい》藩中に籍々《せきせき》たり。

総司、幼名を総司郎春政、後房良と改む。文久三年、新選組成るや年僅かに二十歳にして新選組副長助勤筆頭、一番隊長となる。大いに活躍する所あり。

然《しか》りと雖《いえど》も天籍、寿をもってせず。惜しいかな、慶応四年戊辰五月三十日病没す。

（原漢文）

もう一つは、昭和二十年代に沖田勝芳（要の子）が記した『沖田家文書』である。右の古文書をベースとしつつ、家族構成や出生地・死亡地に触れているのが特徴だ。

沖田総司藤原房良

法名　賢光院殿仁誉明道大居士

沖田総司房良は、九歳の時天然理心流近藤周助邦武後《のち》周斎の門人となり、近藤勇の義弟となり、剣法は天才的で、僅か十二歳にして奥州白河阿部（家）の指南番と立合いたる時、勝を得たる事あり。

総司は沖田家の長男に生れ、父母には幼少の時死に別れ、姉妹は光子及（び）きんの二人ありたり。当時元服し跡目相続すべき所、何故か大望を抱き、禄を戴くことを拒み、主家を脱藩し、相続は光子、時に十四歳に婿を取り、相続をなさしめたり。その養子は沖田林太郎藤原元常と云う。後に新徴組隊士となり、組頭を勤む。

同じく姉きんは、奥州白河及び上州館林城主の媒酌により、館林の国家老中野伝右衛門由秀《よしひで》の妻となる。

沖田総司は、阿部豊後守の江戸下屋敷で生れた。総司は初名を総司郎春政と呼び、後に総司房良と改む。文久三年三月新撰組成立の時、年僅か二十歳にして、新撰組副長助勤筆頭となり、一番隊什長として活躍したるも、慶応四年戊辰五月三十日、千駄ヶ谷植木屋の離れ家で病死したり。時に二十五であった。


総司を顕彰するために、戒名の「院号」を大名クラスが用いる「院殿号」へ、「居士」も「大居士」へと格上げしている。それは措《お》くとして、『沖田家文書』の冒頭に掲げられた「名乗り」について、簡単に説明しておきたい。

沖田総司藤原房良。

沖田が苗字、総司が通称、藤原が本姓、房良が諱《いみな》（実名）という構成である。日常的に使われるのは通称の総司であって、諱ではない。というのも、諱とは「口に出すことを忌《い》む名」の意味で、記録や死後に用いたからだ。

さて、『沖田家文書』を整理すると、総司は白河藩［福島県白河市］の大名阿部家十万石の江戸下屋敷で生れた。幼い頃に死別した父母の名前は記されていないが、長男の総司が家督を継がなかったので、姉のミツ（光子）が十四歳のときに婿を取り、婿養子に入った林太郎元常が沖田家を相続した——。

総司の没年齢は、墓碑銘の二十四歳から『沖田家文書』では二十五歳に変わっており、後者をベースに逆算すると、生年は天保十五年（一八四四）となる。なお、明治時代の除籍謄本からミツの生年は、天保四年（一八三三）と判明している。

沖田家の身分

続いて客観的な史料を掲げよう。

まず菩提寺専称寺の『過去帳』には、戒名と俗名が記入されているので、おおよその沖田家の系譜を辿ることができる。ただし、実子か養子かどうかまではわからない。

戒名などは略すが、沖田家の系譜は〈①三四郎—②勝次郎—③林太郎〉となり、弘化二年（一八四五）に死亡した②勝次郎が総司の父、③林太郎が総司の義兄とされる。詳しくは後で述べるが、林太郎・ミツの結婚は嘉永四年（一八五一）と、勝次郎死亡の六年後になる。その間に長いブランクがあったことに注意したい。

さて、白河藩阿部家の記録『公余録』によれば、文政二年（一八一九）に①三四郎が江戸屋敷の足軽小頭に召し抱えられた。その意味で彼が初代である。

同じく『阿部家分限帳』からは、②勝次郎の俸禄は米二十二俵二人扶持《ぶち》と判明しており、③林太郎は安政二年（一八五五）五月時点で、「江戸　白川足軽小頭　米二十二俵二人扶持」と記録される。

以上から、沖田家の身分は三代続く白河藩江戸下屋敷詰めの足軽小頭で、米二十二俵二人扶持を賜っていたことがわかる。

白河藩の江戸屋敷は二つあり、下屋敷が専称寺と同じ麻布桜田町［港区西麻布］にあった。現在の六本木ヒルズから渋谷に向かう辺りである。『沖田家文書』の記述とも符合し、総司が下屋敷内の足軽棟割《むねわり》長屋で生れたことはまず間違いない。

ここで、足軽の身分や俸禄について触れておきたい。

江戸時代には、「士農工商」という身分格差があった。その識別表示が「苗字帯刀」で、「士」だけに認められた特権である。農工商の三民は、原則、苗字を名乗ることを禁じられた。

さらに「士」の中でも、藩ごとに数十段階におよぶ身分階級が定められた。

それを大きくグルーピングすると、〈上士—徒士《かち》—足軽—武家奉公人〉の四階層となり、武家奉公人とは中間《ちゅうげん》や小者などのこと。新選組を結成する原田左之助は、伊予松山藩［愛媛県松山市］の中間出身である。

士分とは武士身分のことで、上士・徒士を指す。これを諸士ともいう。藩によっては、〈上士―中士―徒士〉とする場合もあるが、上士などは主に知行（石高）取りで、藩主から知行（所領）を与えられた。

しかし、足軽以下は士分から除外された。彼らの場合は、米の現物支給（俸禄）か現金支給（俸給）となる。

元来、足軽は鉄砲、槍、弓を武器とする戦闘要員であり、近代の軍隊では兵卒に相当する。原則一代限りの奉公で、現代風にいえば、足軽の採用条件は「年齢二十〜四十歳、一定の身長以上、剛健な体力の者」とされた。自衛隊員募集のイメージだ。

藩によってさまざまな定めがあるので、一概にいえないが、奉公期間中、足軽は苗字帯刀や木綿羽織などを許された。しかし、絹服や袴の着用は認められなかった。足袋《たび》も禁止され、雨の日でも素足である。

特に袴は、最もわかりやすい士分の身分表示である。帯刀にしても、足軽は両刀ではなく一本と定めた藩もある。

このようにヴィジュアルな形で、諸藩では士分と足軽以下を区分し、往来で士分と出会うと、足軽以下は草履を脱いで土下座平伏を義務付ける藩も多かった。

しかし、江戸中期以降になると、諸藩は足軽の世襲を認めて、世襲の「御譜代席」と一代限りの「御抱席《おかかえ》」に区分し、御譜代席を士分のカテゴリーに加えた藩もある。

そのため、身分上昇願望を抱く裕福な「農工商」が、御譜代席の足軽株を購入するケース も出てくる。たとえば跡継ぎ不在などの事情で、藩の足軽株や幕府の御家人株が売買されることはしばしばあった。金があれば、身分を買えたわけだ。

とはいえ、世襲の御譜代席であっても、足軽の職務遂行上の適格要件は絶対である。

以上の内容を踏まえれば、沖田家は三代続く白河藩足軽御譜代席で、しかも小頭身分だから、末端ながらも士分と位置付けられたと思われる。

次に俸禄である。沖田家の場合は二十二俵二人扶持——。

これは年間に米俵二十二俵と、扶持する奉公人（使用人）の二人分（一人当たり米五俵）が支給されるという意味だ。

米二十二俵は、自家用の飯米に宛てるか、換金するなどして暮らす本給である。次の扶持とは、本来、役目のために雇う奉公人の分なのだが、現実面では家族手当のように使うこともあった。

この二十二俵二人扶持を、金に換算すると年十一両（月一両弱）に相当する。

最下層の武家奉公人である中間の俸給は、三両一人扶持（年五両弱）なので、世間から「サンピン」と蔑《さげす》まれた。それと比べれば、沖田家の俸禄はまだマシだが、月一両弱で武士としての体面を保ちつつ、親戚付き合いをしながら家族数人で暮らすのは相当厳しかったと思われる。

江戸時代の俸禄は、米相場の変動によって換金率が大幅に変化するので、現在の貨幣価値に直すことは大変難しい。そこで、同時代の比較例を挙げてみよう。なお、金への換算は〈一俵＝〇・三五石、一石＝一両〉をベースにした。

幕府の徒士（御家人）の組屋敷があった地域が、現在のJR山手線・御徒町《おかち》駅周辺で、駅名はその名残である。

彼らの俸禄は、『御徒士物語』によると七十俵五人扶持（年三十三両強）。沖田家の三倍に相当するが、それでも困窮甚だしく、傘張りなどの内職をしなければ暮らせなかったという。

町奉行所に勤務する同心は、足軽御抱席と同様に原則一代限りの奉公人で、俸禄は三十俵二人扶持（年換算十四両）。その中で目明しなども使ったわけだが、町家からの付け届けが多かったので生活できたといわれる。

後述するが、文久三年（一八六三）に幕府は浪士組を募集する。その雇用条件も三十俵二人扶持だ。いわば三十俵二人扶持が最下級武士の俸禄の「代名詞」だが、沖田家の場合はそれにも達しない水準だった。

二人の林太郎

改めて沖田家の系図を掲げると、〈①三四郎—②勝次郎—③林太郎〉となる。

前述のとおり、一般に「総司は②勝次郎の子」とされるが、それをハッキリと明記した史料はない。それどころか、専称寺の『過去帳』には、総司の戒名の後に「沖田林太郎次男」と記載されているのだ。

誤記や転記ミスのケースもあるが、沖田家には「林太郎を称する者が二人いた」可能性も否定できない。混乱が生じないように、できるだけ整理した形で判断材料を提示したい。

白河藩の記録では、林太郎の祖父を三四郎と記す。

次に林太郎が書いた文久三年の『身上書控』(『多摩の壮士たち』所収)には、「父沖田勝次郎死去　阿部能登守(四代藩主・正備《まさかた》)家来」と明記してある。

さらに明治四年(一八七一)の『戸籍届下書』にも、林太郎は「勝次郎亡　長男」と記載する。したがって、冒頭の三代の系図はまず間違いない。

ちなみに、明治政府は明治三年(一八七〇)に平民苗字許可令を発布し、翌明治四年に戸籍法を制定する。それに基づいて作成された戸籍を「壬申《じんしん》戸籍」という。壬申とは明治五年（一八七二）の干支《えと》で、林太郎が書いたのは壬申戸籍の下書きである。

一方、先の『沖田家文書』によれば「林太郎（諱は元常）は沖田家の養子」であり、それを裏付ける史料も存在する。

日野［東京都日野市］在住の八王子千人同心（以下、千人同心と略す）に、井上松五郎という人がいた。

千人同心とは、幕府が甲州街道の要地八王子に置いた守備部隊だが、実態面は「半士半農」の扱いを受けた。公務に就くとき以外は苗字帯刀を禁じられ、日常は農業に従事した。幕府の御達しには、「八王子千人同心株所持（の）百姓にて、勤（め）方の外、身分は百姓と心得」よ、とある。

井上松五郎の俸禄は、十俵一人扶持（年五両強）と極めて薄給である。しかし、農家としての井上家は裕福であり、松五郎は天然理心流「試衛館」（近藤周助道場）の有力な門人だった。彼の弟が源三郎で、後に近藤勇や総司らとともに上洛して新選組を結成する。

新選組の後期には、松五郎の次男泰助も参加するのだが、明治以降、泰助の妹ハナが沖田林太郎・ミツの長男芳次郎に嫁ぐ（系図参照）。

そういう関係もあったので、明治期の沖田家で何かトラブルが発生したとき、泰助はミツに意見を述べたらしい。その書状の下書きに、井上家と沖田家の血縁関係が記される。

沖田御祖母（ミツ）様、よくよく御考え下され。私（泰助）の言うまでもなく、御祖母様の父たる者も、私宅（井上家）分家・井上惣蔵なる者の弟。御祖母様のつれあい（夫）亡林太郎殿も井上宗蔵なる者の弟にて、姓は沖田家を相続いたすれども、骨水は井上の交合する旧縁によりて、亡父林太郎殿倅芳次郎殿を同道にて……。

書状の後半には、「沖田宗司君にも私（泰助）に、新選組にありし時、種々お世話様に相成《あいな》り候」とも書かれる。

この『泰助書状』によると、〈ミツの父＝井上分家・惣蔵の弟〉〈ミツの夫・林太郎＝井上分家・宗蔵の弟〉と、二代に渡って井上分家の者が沖田家を相続したことになる。井上惣蔵と宗蔵の表音は一緒だが、手紙の書き振りからすれば、別人であろう。なお、「惣」「宗」の二文字が、総司の別称（惣司、宗司）に登場する点は興味深い。

沖田家系図に、この『泰助書状』を当てはめると、②勝次郎は井上分家の出身で、足軽小頭沖田家の養子になったことになる。

士農工商を問わず、家は長男（嫡子）が単独相続するので、次男以下は自分で食い扶持を稼ぐ必要があった。そうしなければ、結婚もままならない。この次男以下を「厄介《やっかい》」といい、厄介にとって最も手っ取り早いのは、他家の養子に入ることだった。

とはいっても、足軽の家には職務上の適格要件がある。繰り返すと、「年齢二十～四十歳、身長、体力」である。

その要件を満たす者だけに、藩は相続を許したのだ。数代におよぶ奉公とかは関係なく、あくまでも職務遂行ベースである。

長男であっても、幼児や未成年であれば、戦時の鉄砲足軽や槍足軽などは勤まらない。身長が低ければ、平時の門番（番所勤務）や藩主の御供に立つことができないからだ。

家を存続させる上で、長男が要件を満たさなければ、家督から外して他家から養子を迎えざるをえない。『近世大名家臣団の社会構造』によれば、十数歳の長男でも廃嫡されたこともあったらしい。

御譜代席の足軽家にとって、最大の障壁は長男の「年齢」といっていい。

沖田家のケースは、その典型だ。

②勝次郎の死亡時、養子の③林太郎は二十歳で年齢要件を満たす。当主急死に伴う死後養子というケースもあるので、③林太郎は、②勝次郎が死ぬ直前か直後に養子に迎えられたと思われる。

一方、総司が勝次郎の長男だったとしてもわずか数歳に過ぎず、物理的に家は継げなかったのだ。『沖田家文書』に「（総司は）元服し跡目相続すべき所」とあるが、それは家格の高い上士層のことである。

もう一つ、『泰助書状』の中に気掛かりな箇所がある。それは「亡林太郎殿、亡父林太郎殿」の使い分けである。同一人物を指すのかも知れないが、世襲の場合、父子が同じ通称を名乗ることはよくある。いわゆる世襲名だ。

なぜ、このような疑問を抱くかといえば、小野路《おのじ》村［東京都町田市］名主小島家の『日記』（万延二年一月）に「沖田房正、来る」と記されているからだ。

諱のみの記載だが、総司の名は別に登場するので明らかに別人だ。とすれば、林太郎以外には考えられず、彼の諱が「房正」と思われる。

ところが、『沖田家文書』では林太郎の諱を「元常」と記す。

総司が〈春政↓房良〉と改めたように、林太郎も〈元常↓房正〉と改称したのかもしれないが、『沖田家文書』に誤解があって、林太郎元常が右の「亡父林太郎」で、沖田家相続後に勝次郎を称したとも考えられる。

これは「林太郎二人説」（『私説　沖田総司』など）の一つなのだが、系図で表示すると、〈①三四郎＝②勝次郎（旧名・林太郎元常）＝③林太郎房正〉となる。

この二人説に立って、養子の③林太郎が『戸籍届下書』で「勝次郎長男」と記すことを考え合わせると、『過去帳』の記述「総司は林太郎次男」の謎も解ける。『過去帳』の方は、②勝次郎を旧名ベースで記し、年少の総司をその次男と書いたのだ。

以上述べたことを整理してみよう。
○井上分家から②勝次郎が沖田家の養子に入った。
○②勝次郎（旧名林太郎元常）死亡の直前直後に、跡継ぎ（養子）として井上分家から③林太郎房正が入った。彼は二十歳なので、足軽御譜代席の適格要件を満たす。
○総司は②勝次郎の実子だが、幼少なので足軽御譜代席の適格要件を充足しなかった。
○③林太郎房正は、本当は総司の義兄にあたるが、勝次郎の長男と称した。実態的に厄介の立場になった総司は次男とされた。

林太郎と総司

前項で林太郎は「総司の義兄」と一応結論づけたわけだが、「総司実兄説」もあるので紹介したい。

子母澤寛の「新選組三部作」は、新選組研究の先駆的名著であるが、実は沖田林太郎・ミツ夫婦について二通りの異なる記述が見られる。

まず第二作『新選組遺聞』所収の「沖田総司房良」では、次のように書かれる。総司が江戸千駄ヶ谷で死ぬ間際《まぎわ》の話だ。

「沖田（総司）の兄の林太郎は、その頃二十六だった総司よりは、五つ六つの年上で、姿恰好から顔だちまで瓜二つという位に似ていた」
「総司のすぐ上の姉にみつ女というのがあった。これは丈《たけ》の高いのだけは兄弟に似ていたが……まだ三十前の綺麗な女であった。もう御家人の家［姓不明］に嫁入っていたが……」

子母澤寛は、明らかに林太郎・ミツ・総司の三人を「実の兄弟姉妹」として描いている。話をわかりやすくするために、ここで総司の生年を確定させておこう。なお、当時は数え年である。生れた年を一歳として、新年を迎えるごとに一歳ずつ年を取る。

文久三年に総司が浪士組に参加したときの名簿は複数あるのだが、一様に二十二歳と記録する。これが正しいと思われ、逆算すると生年は天保十三年（一八四二）、慶応四年の死亡時は二十七歳。『沖田家文書』の没年二十五歳よりは、二歳ほど上になる。

ちなみに文政九年（一八二六）生れの林太郎は、総司より十六歳年長。天保四年生れのミツは九歳年長である。とすれば、『新選組遺聞』の文章は年齢もかなり違う。

ただ、子母澤寛がこのような〈林太郎＝総司実兄〉説を記したのは、新徴組の生き残り・千葉弥一郎への取材に基づくものと思われる。

昭和十年（一九三五）頃まで、八十代の千葉老人は「新徴組の語り部」として講演活動を続け、「近藤道場で、近藤勇と試合をした」「沖田の腕は、やっと目録くらいのもの」といった談話を数多く残した。

近藤勇や総司が江戸にいたのは、文久三年二月まで。したがって、当時十六歳の千葉弥一郎が立ち合ったというのは、かなり微妙な話だが、彼は「総司に関する情報」は入手可能だった。

どういう接点かというと、後に林太郎は庄内藩御預り新徴組の隊士となる。慶応四年一月に戊辰戦争が勃発すると、林太郎は家族を伴って、庄内［山形県鶴岡市］へ赴く。同地で十六歳の長男芳次郎も新徴組隊士となるのだが、そのとき、千葉弥一郎は芳次郎と同じ隊に属したのだ。

総司について、千葉弥一郎は明記する。

新徴組沖田林太郎実弟。壮年の剣客として名あり。近藤勇の門人。

同様に林太郎に関しても、「沖田総司実兄なり」（『新徴組人名異動明細』）と注を加えている。情報の出所は林太郎というよりも、やはり同僚の芳次郎であろう。

子母澤寛は、この千葉情報を執筆時に活用したと思われるが、なぜ芳次郎が「二人を実の兄弟」と語ったのかは、今となっては藪の中である。

その後、子母澤寛も〈林太郎＝総司実兄〉説に疑問を抱いたようだ。第三作『新選組物語』所収の「隊士絶命記」では、「（総司が死ぬ直前）姉のお光が、新徴組にいる婿の沖田林太郎と一緒に、御支配の庄内へ行った留守で……」と書いている。

沖田ミツの謎

実は長姉のミツにも謎めいたところがある。

父は②勝次郎が正しいが、戸籍などには別人が父と書かれているのだ。

まず林太郎の『戸籍届下書』には、「奥州二本松県（旧白河藩を含む）士族沖田勝次郎亡長男　沖田林太郎」に続いて、「東京府商近藤周助長女　妻　光」とある。

別途、沖田家戸籍のミツに関する箇所には、「嘉永四年八月二十六日　北多摩郡大沢村平民近藤藤蔵長女入籍す」と記載される。いずれも明治時代の記録である。

明治二年（一八六九）に、新たな身分制度は〈華族—士族—卒族—平民〉と定まり、かつての〈上士—徒士—足軽—武家奉公人〉の内、おおよそ足軽御譜代席までは士族に、足軽御抱席以下の武家奉公人は卒族に編入された。

それを踏まえれば、『戸籍届下書』にある「士族」の表記は、「江戸期の足軽小頭沖田家は士分」の裏付けになると思う。なお、平民とは江戸時代の「農工商」に相当する。

とになる。

さて、右の二種類の戸籍に沿えば、近藤周助または藤蔵の長女ミツが林太郎に嫁いだこ

近藤周助とは、天然理心流試衛館の道場主だ。彼には子供がおらず、後に勇を養子に迎えるのだが、その近藤勇の生家・宮川家の傍《そば》が、戸籍に登場する大沢村［東京都三鷹市］である。近藤勇の墓がある龍源寺は大沢村に所在する。

戸籍面で、御府内（江戸市中）浪人だった近藤周助を「商、平民」と記したのは、やはり近藤勇が明治政府にとって憚《はばか》りのある人物だったからであろう。

ミツの結婚時、実父勝次郎はすでにこの世にはいない。そこで、ミツの体裁を整えるために近藤周助が仮親となった、と考える以外にない。

擬制の父子関係を結んだミツは、近藤家の娘として沖田家に入籍したのである。『沖田家文書』では、ミツが沖田家を相続して、十四歳のときに林太郎を婿に迎えたとするが、そうではない。逆である。

実際は、弘化二年に沖田家を相続した養子林太郎が、六年後の嘉永四年に十九歳のミツを娶ったのだ——。

御役目があって、適格要件の充足が要求される足軽御譜代席で、「女性が跡を継いで婿を取る」ということはありえない。言うまでもなく、女性の足軽は存在しないからだ。ミツが林太郎の許嫁《いいなずけ》だったのは間違いないだろうが……。

林太郎の『戸籍届下書』の後半に、「近親類下書」というリストが付いている。そこには、明治四年時点で生存する親戚が記載されており、非常に重要な史料である。親戚の中から、本書に関連する人物をピックアップしておこう。

「嫡子　沖田芳次郎／弟　永井信濃守様御家来　濃州（美濃国）加納藩　島田勝次郎／従弟　武州八王子故千人隊　井上松五郎／妹婿　越後峯山（三根山）藩　中野伝右衛門」

林太郎には、大名・永井家に奉公する島田勝次郎という実弟がいた。本書の第四章にも登場するので記憶に留めて頂きたい。

そして、何よりも重要なのは、井上分家出身の沖田林太郎と井上松五郎とは従兄弟の関係だったことだ——。

とすれば、沖田総司と井上源三郎（松五郎の弟）も従兄弟にあたる。

近藤周助とミツとの父子縁組を斡旋したのは、親戚で天然理心流の有力門人の井上松五郎であろう。林太郎も近藤周助の弟子である。

井上泰助（松五郎の子）が、「骨水は井上の交合する旧縁」と書くように、井上家と沖田家とは濃密なまでの血族だった。

ちなみに子母澤寛は、「お光の婿が沖田林太郎で、八王子にいる千人同心……槍隊の井上松五郎というものの実弟」（『剣客物語』）と記す。実弟ではないにせよ、両者の血縁の濃さが窺える記述である。

さらに〈ミツ＝近藤周助長女〉という観点に立てば、年少の総司は近藤勇の義弟といって差し支《つか》えない。かくして、墓碑銘の「新選組隊長近藤勇義弟」につながるわけだ。

これまでの内容を、時系列で整理して記したい。

○文政九年（一八二六）　井上分家で林太郎（諱は房正）誕生。
○天保四年（一八三三）　沖田勝次郎の長女ミツ誕生。
○天保十三年（一八四二）　沖田勝次郎の長男総司誕生。
○弘化二年（一八四五）　沖田勝次郎（井上分家出身、旧名林太郎元常）死去。その直前直後に、足軽の適格条件を満たす林太郎（二十歳）が、沖田家の養子に入ったと思われる。総司は四歳。
○嘉永四年（一八五一）　沖田林太郎と「近藤周助長女」ミツが結婚。総司は十歳。
○嘉永六年（一八五三）　沖田林太郎・ミツ夫婦の長男芳次郎誕生。

総司のその他の家族にも触れておこう。

天保七年（一八三六）に生れた次姉キンは、『沖田家文書』では館林藩国家老・中野伝右衛門由秀に嫁いだとする。

しかし、この記述には虚飾があり、実際の相手は越後国三根山藩（牧野家一万一千石、新潟県西蒲原郡）の中野伝兵衛という。俸禄は約二十三俵三人扶持で、沖田家と同クラスの下級武士である。

牧野家は、文久三年になって旗本から大名に取り立てられる。したがって、封地には陣屋が置かれただけで、屋敷はずっと江戸麻布飯倉片町〔港区麻布台〕にあった。

ちなみに、江戸時代の大名には〈国持―城主―無城〉という格があり、薩摩藩主島津家や長州藩主毛利家は国持、白河藩主阿部家は城主、三根山藩主牧野家は無城にあたる。

時期は不明だが、沖田家と中野家の縁組は、同じ麻布という地縁によるものだろう。通婚は「同じ身分同士」というのも、諸藩の定めるルールの一つである。

総司の母に関しては、名前や没年など何もわかっていない。ただ、「日野在住の千人同心宮原家の出身」という伝承があるばかりである。

井上家の故老の話では、「沖田のおばあさん（ミツ）は、日野へ用事などで来たときには、かならず私宅、隠居（井上分家）、宮原家へは立寄った」（『新選組隊士列伝』）という。ミツは、母の実家と親戚付き合いをしていたようだ。

総司の父母はともに日野出身――。そう考えていいと思う。

近藤周助への入門

総司は、近藤周助の道場試衛館に内弟子として入る。内弟子とは道場に住み込んで、修業する者をいう。

彼の場合は記録が残っておらず、入門時期は不明だが、『沖田家文書』（総司生年・天保十五年説）は入門を九歳とする。この年齢は、林太郎とミツが結婚する前年（嘉永三年）にあたる。

一方、近藤勇五郎は、「沖田総司は十二、三（歳）の頃から、近藤道場の内弟子になった」（『新選組遺聞』）と語り残す。嘉永四年生れの近藤勇五郎は、近藤勇の実家宮川家の甥にあたり、明治九年（一八七六）に勇の娘タマ（瓊子）と結婚して近藤家を継ぐ。子母澤寛は、この近藤勇五郎から数多くの話を取材した。

近藤勇五郎談話の十二歳が、総司の実年齢に即しているとすれば、入門は嘉永六年（一八五三）となる。このタイミングが正しいのではないか、と私は思う。後で述べるとおり、総司の生活環境に変化が見られる時期だからだ。

試衛館同門の入門時期を記すと、近藤勇は嘉永元年（一八四八、十五歳）のこと。近藤周助門下として二人は「相弟子」の関係で、当然勇の方が兄弟子にあたる。

井上源三郎はそれより前の弘化年間（十六、十七歳）の入門で、土方歳三はずっと遅く安政六年（一八五九、二十五歳）になってからだ。

嘉永四年頃から、総司の生活環境には大きな変化が生じている。彼が十歳のときに林太郎夫婦が結婚し、十二歳のときに甥芳次郎が誕生する（10ページ年表参照）。総司は、阿部家家来沖田林太郎の「厄介」の身。しかも沖田家の家計は、かなり苦しかったはずだ。

とすれば、総司は林太郎の「順養子」になるか、白河藩足軽御譜代席の他家の養子に入るか、空きがあれば二十歳で足軽御抱席に新規雇用されるか……と、将来の選択肢はごく限られる。

順養子について、沖田家のケースに沿って述べよう。年齢未達で家督を相続できなかった総司を、義兄林太郎が養子に迎え、総司が成人に達した時点で家督を譲る——。江戸時代には、よく見られる家督継承方法である。

沖田家にとって最大の問題は、芳次郎が「林太郎二十八歳のときに生れた長男」ということだ。現代風に書くと、遅いタイミングで誕生した子供。芳次郎が適格要件を満たす二十歳になったとき、四十八歳の林太郎は定年を遥かに超えている。

前述のとおり、通常、足軽の雇用期間は四十歳までだ。現実的な対応として雇用延長の措置がとられたとしても、体力的に五十歳近くまでは認められない。現代の感覚では四十代は働き盛りだが、人生五十年の時代では老人扱いとなる。

そのため、将来を見越した林太郎が、「総司を順養子に」と考えた可能性は十分にあると思う。端的にいえば、総司は家名存続と生活維持のための中継ぎである。

当然そういう含みはあったはずだが、十二歳の総司は剣術で身を立てたいとも考えたのだろう。それにうってつけの人、剣術を教えて暮らす人が、身近にいたからだ。

林太郎や井上松五郎の師匠近藤周助である。

ミツとの関係からすれば、近藤周助は総司の仮親といっていい人物であり、試衛館に通う林太郎が総司を同道したと思われる。林太郎は古くからの門人だったようで、嘉永七年（一八五四）に免許皆伝を許されている。

一つ、触れておきたいことがある。『沖田家古文書』にある「十二歳（実年齢は十四歳）で阿部家指南番と立ち合って勝利した」（意訳）の件だ。

指南役の本分は、藩主に剣術（護身術）の手ほどきをすることにある。他流試合を行ったのは町道場である。したがって、総司の身分や年齢からしても、指南役との試合はまずありえない話で、「総司は剣術を得意とした」というエピソードの発露と思いたい。

天然理心流と多摩

沖田総司が試衛館で学んだ剣術が、天然理心流である。流派名は「天然自然の理《ことわり》」に由来し、遠州（遠江国、静岡県）浪人の近藤内蔵之助《くらのすけ》長裕《ながみち》が創始したものだ。

彼は江戸両国の薬研堀《やげんぼり》［中央区東日本橋］に道場を構え、武蔵国多摩郡《ごおり》や相模国［神奈川県］に天然理心流を広め、文化四年（一八〇七）に没した。

その跡を継いだのが、多摩郡戸吹村［東京都八王子市］の名主の子・坂本三助であり、彼は二代目・近藤三助方昌《のりまさ》と名乗った。

門人は八王子を中心に千五百人を数えたと伝えられ、天然理心流を発展させた人だが、文政二年（一八一九）に出稽古先で急死を遂げた。没年齢は四十六歳。道場・住居は江戸市中にあったようだ。

しかし、近藤三助は跡目を決めずに急逝したので、高弟の間に対立が生じたらしい。そのために流派は、千人同心増田蔵六の派と、多摩郡小山村［東京都町田市］名主の子・島崎周平の派に大きく分かれる。

その後、十年以上の空白期間を経て、どういうステップを踏んだのかは不明だが、天保元年（一八三〇）に島崎周平が近藤三助の跡を継ぎ、近藤周平と名乗る。以降、近藤周平は周助と改め、後に隠居名の周斎を名乗る。

天保十年（一八三九）頃に近藤周助は江戸市中に道場を構え、多摩方面にも出稽古に通って、その教授料で暮らしたわけだ。

江戸時代では、身分を問わずほとんどの者が生業を持ち、居住地が決まっていた。住所不定で、生業を持たない者を浮浪という。無職渡世の博徒などがその典型だ。

三代目近藤周助邦武は、専業の撃剣師匠――。いわば、「剣術渡世」である。

といっても、二代目が基盤とした八王子は、別系統の増田派の本拠地だ。やむなく近藤周助は、甲州街道沿いとその南方、多摩川の南西部の開拓を始める。

現在の日野市、府中市、調布市、多摩市、町田市といった地域で、新規門人の獲得に乗り出したのだ。この地域であれば、増田派とバッティングしない。

多摩郡は徳川家の直轄領。これを御領という。

御領である多摩川以南の三百以上におよぶ村々を支配したのが、伊豆韮山《にらやま》代官・江川太郎左衛門である。

江戸時代を通じて、江川家が、駿河・伊豆・相模・武蔵国多摩郡といった広範な地域の民政を一手に担った。太郎左衛門は代々の通称であり、黒船襲来に備えて品川沖に御台場

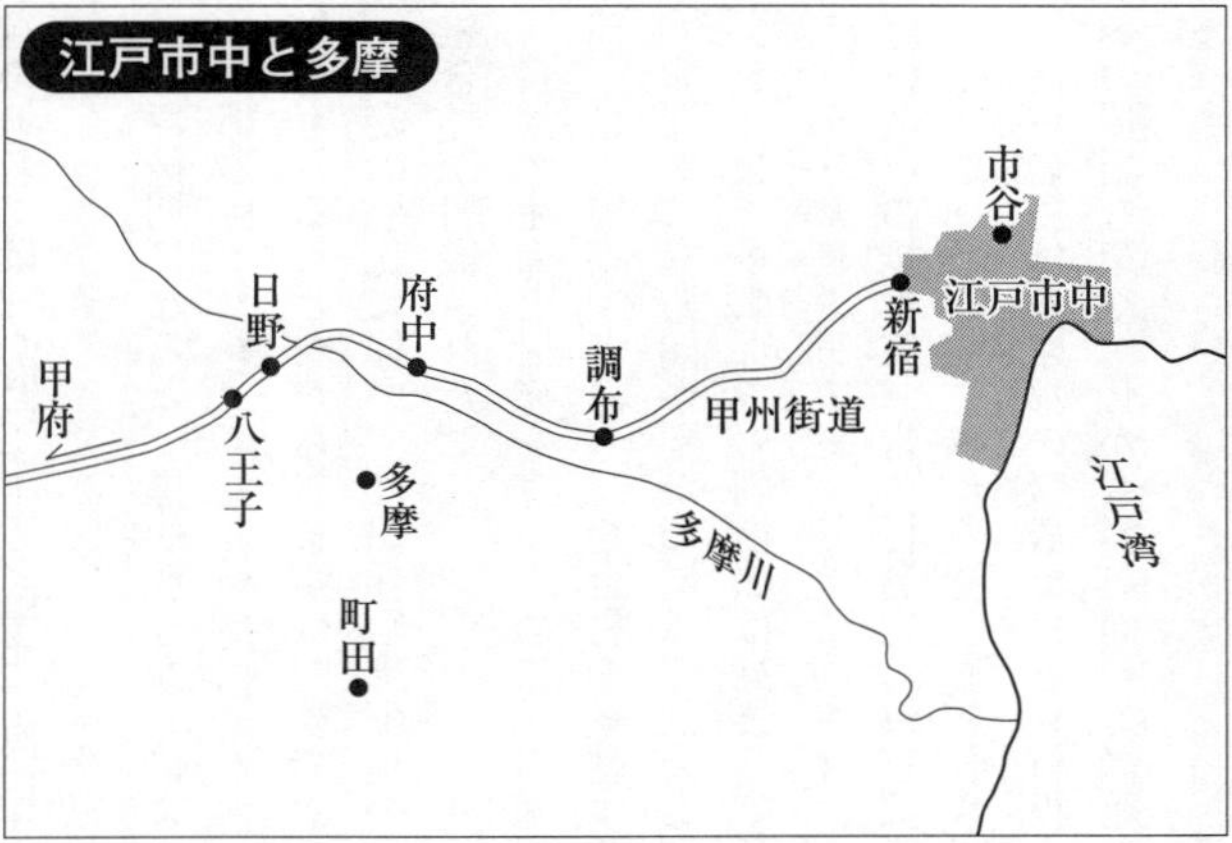

（海上の砲台）を築いたのが三十六代江川英龍《ひでたつ》である。

古来より、多摩川が武蔵国の南北を分かつ自然の境だった。橋は架かっておらず、往来の際は、日野や府中などの渡し場で船を利用せざるをえない。

そういう交通事情を反映して、多摩川以南に位置する多摩郡（明治以後の南多摩郡、西多摩郡）は、鎌倉街道でつながる相模国と密接に結びついていた。

明治の一時期、多摩郡全域が神奈川県に属したこともある。ついでながら、「三多摩」と書く本もあるが、明治時代以降の「西多摩郡、北多摩郡、南多摩郡」の総称であり、江戸時代には存在しない言葉だ。

鎌倉街道は、多摩郡の〈府中―関戸―小野路〉から川崎を経て鎌倉に至る道である。現在の地名では、〈府中市―多摩市―町田市〉となる。

江戸後期になると、黒船襲来などによって世情は騒然とし、幕府の統制が揺らぎ始める。多摩郡の村々でも、浪人者や長脇差《ドス》を帯びた博徒（無宿者）が横行し、犯罪も頻発する。外患もさることながら、まずは内憂である。治安の悪化に伴い、江川代官支配地の多摩郡では、地域ごとに数十もの村々が団結する組合村が組織された。

農民の生命と財産を守るために、自衛手段を講じようとしたわけだ。代官公認の「自警団、自治警察」であり、組合村を統轄する有力者を寄場名主といった。犯罪者に立ち向かうためには、武装して剣術を学ぶ必要がある――。かくして多摩郡での剣術熱は高まり、日野宿寄場名主の佐藤彦五郎俊正、小野路村寄場名主の小島鹿之助為政、連光寺村名主「東京都多摩市」の富沢忠右衛門政恕《まさひろ》を始め、小野路村名主の橋本家、常久村名主「東京都府中市」の関田家などが、近藤周助の有力な門人となっていく。名主が天然理心流を学べば、村々の農民や商人もそれに倣《なら》う。

彼ら名主は多摩郡の豪農であり、村役人在任中は苗字を許された。剣術のみならず学問への造詣も深く、しかも豪農同士で縁組を重ねたので、地域情報ネットワークも構築している。

中でも佐藤彦五郎は、石田村［東京都日野市］の富農の家に生れた土方歳三の義兄にあたる。その土方家は、小島家や谷保村名主［東京都国立市］の本田家などと親戚の間柄だ。やがて佐藤彦五郎は、近藤勇、小島鹿之助と意気投合して義兄弟となる。同様に近藤勇は、土方歳三と義兄弟の契りを交わしたと伝えられる。一種の血族である。

ついでながら、後述する新選組隊士近藤芳助《よしすけ》は、「勇と土方歳三は従弟なり」（『同方会誌』）と、明治後年に語る。勘違いなのだが、身近にいた彼がずっとそう思うほど、義兄弟の近藤・土方は親密だったようだ。

このような多摩の有力名主が、三代目近藤周助と四代目近藤勇を支え、金銭面でもバックアップしたのである。

試衛館

試衛館は、江戸市中の市谷甲良《こうら》屋敷［新宿区市谷柳町］にあった。

甲良屋敷は高麗屋敷とも書かれ、所在地は「牛込甲良屋敷、市谷加賀屋敷、市谷柳町」などとさまざまに書かれるが、いずれも同じ場所を指す。現在の地下鉄大江戸線・牛込柳町駅の近くで、ＪＲ中央線・飯田橋駅からも歩ける距離だ。

実は、試衛館と明記した同時代史料はない。

後援者の小島鹿之助は、『両雄士伝』で次のように記す。

「講場（号試衛）、江都市谷柳街、従游者千有余人」（試衛と号す稽古場は、江戸の市谷柳町にあり、付き従う者は千人以上いた）

『佐藤彦五郎書状』にも「試衛場」と書かれているので、こちらが正しいようだ。近藤勇や総司の書状では、単に「稽古場」と表記される。ただし、混乱を避けるために、本書ではポピュラーな試衛館を用いたい。

試衛館はあまり広い道場ではなく、「三間に四間の稽古場と、外に住居がついて」（『新選組始末記』）いたという。内弟子の総司は、約十年間、二十二歳までここで近藤周助夫婦や勇とともに暮らした。

新選組に参加した近藤芳助（明治以後は川村三郎）は、明治後期に貴重な『近藤芳助書翰』（以下『芳助書翰』と略す）を残す。

それによると、御家人の養子だった彼は試衛館の近隣に住み、友人とともに「撃剣の稽古に参加」したという。また、「（近藤周助は）江戸市ヶ谷高麗横丁にて撃剣の道場を開きおりたり。予（芳助）はその門に入り剣法を学びたり」（『同方会誌』）とも語っている。

さらに近藤芳助は次のように記す。

「諸藩士、幕臣へ教授するを業とし、かなり立派の道場たり」

「（養子の勇と）沖田総司、永倉新八また同様内弟子なり」（『芳助書翰』）

近藤芳助の認識では、試衛館は市中の武士が通う立派な道場で、時期は特定できないが、三人の内弟子がいたことになる。

このように、近藤周助は近隣の幕臣などに教授する傍ら、月に数度多摩へ出稽古に赴いた。巡回教授であり、やがて総司も近藤周助に随って多摩へ足を運ぶことになる。

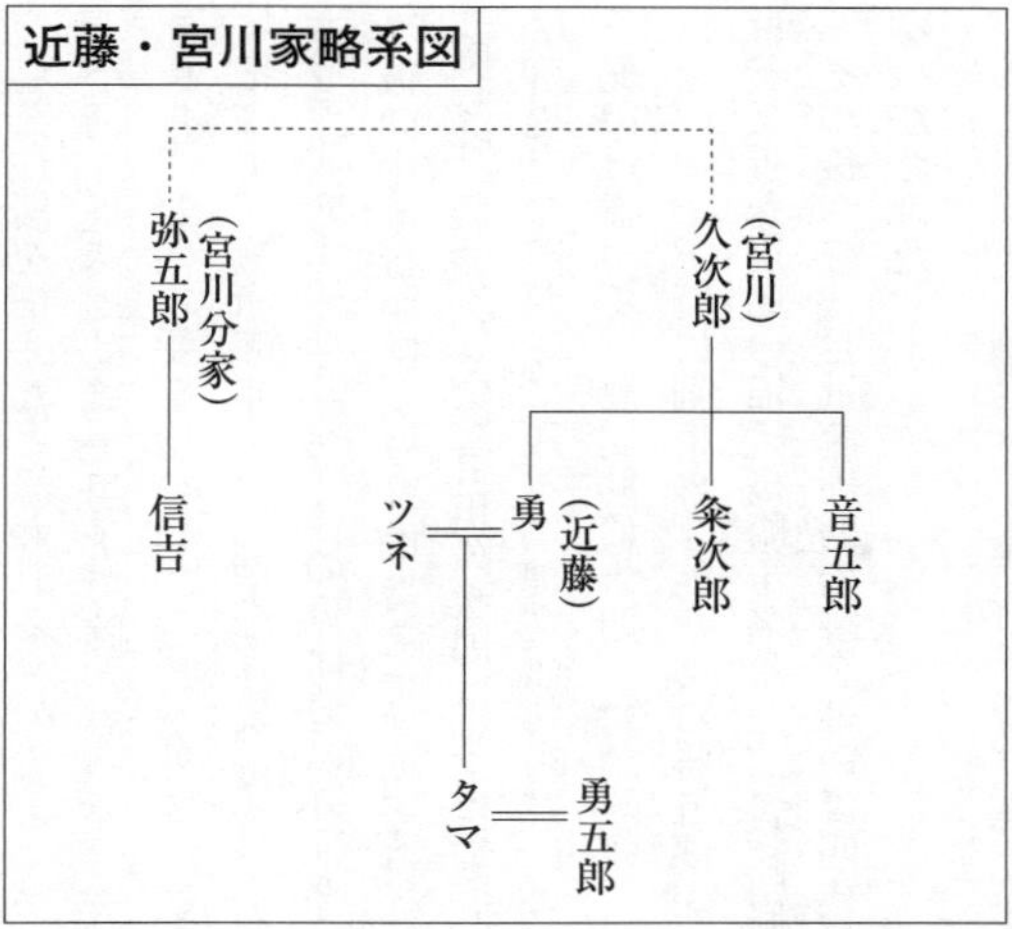

天然理心流宗家・近藤家は、〈①内蔵之助長裕＝②三助方昌＝③周助邦武〉と続く浪人家で、代々養子が跡を継いだ。浪人とは、主家の扶持を離れた者をいう。

しかし、撃剣師匠を生業とする近藤家は、系図や由緒書きなどを町役人に提出し、浪人といえども、武士の身分を認められていたようだ。その際、浮浪ではない証《あかし》として、居住地を町役人に報告する必要があった。

したがって、近藤家三代は「御府内浪人」と称するために、いずれも江戸市中に道場兼住居を構えたと思われる。

小柄な近藤周助は美男子で腕が立つが、大酒飲みで女好きだったらしい。「九人の女房を持ち、七人の妾を持った」（『幕末奇談』）というほどだが、子供には恵まれなかった。

そこで、嘉永二年（一八四九）に多摩郡上石原村［東京都調布市］生れの宮川勝五郎（十六歳）を養子に迎える。後の近藤勇昌宜《まさよし》である。

彼の生家は中堅クラスの農家で、苗字は許されていない。宮川姓は公には名乗れない「隠し姓」だが、父の宮川久次郎は剣術に熱心で、近藤周助も稽古に出向いた。

菩提寺の龍源寺に残る『神文血判帳』によると、嘉永元年に音五郎、粂次郎、勝五郎の三兄弟は揃って近藤周助に入門した。

その中で、特に剣術の才能がある勝五郎が、入門の翌年に養子へと望まれた。当初、彼は養父近藤周助の旧姓島崎を名乗り、〈島崎勝太→島崎勇〉と改める。

その後、三代目近藤周助の跡を継いで四代目近藤勇となり、ようやく武士身分の浪人となったわけだ。

剣術修業

天然理心流では、入門してから免許に達するまで、十年以上を要したとされる。

その間に、〈切紙↓目録↓中極意目録↓免許〉という段階がある。免許に至れば、いわゆる「免許皆伝」の腕前になる。

しかし、さらに十年の磨きをかけて、最高位の「指南免許」を目指す者もいる。指南免許を得れば、自らの道場を開設して弟子が取れる。そういう仕組みである。

十五歳で入門した近藤勇は、二十八歳で最高位の指南免許に達した。抜群の剣術遣いだったことが、よくわかると思う。ちなみに井上源三郎は免許皆伝、土方歳三は目録止まりである。

総司の場合は、入門時の『神文血判帳』などが残っておらず、どの段階まで達したのかは不明だが、文久元年（一八六一）には「近藤塾頭惣二郎」と記録されるので、二十歳までに免許皆伝を得たのは間違いないと思う。

それを裏付けるように、明治九年に建立された新選組慰霊碑［北区滝野川］の余白に、生き残った永倉新八は「陸奥国白川脱藩　剣術天然理心流近藤勇門人免許　新撰組副長助勤沖田総司」と書き残している。

では、総司は試衛館でどのような修業生活を送ったのか？

剣術のみならず、兄弟子の勇と同様に文学や書も学んだはずだ。

それを伝える史料は皆無に近いが、唯一、『沖田総司別見』に次のような話がある。

これは、先祖の旗本が二本松藩士から聞いた内容を、さらに著者が母経由で又聞きしたというものだ。確実な情報とは言い切れないが、その伝聞によると、「総司は風呂ぎらいで、平山行蔵《こうぞう》を崇敬した」という。

平山行蔵は、総司の生れる十四年前、文政十一年（一八二八）に没した。蝦夷地［北海道］海防を唱え、近藤重蔵、間宮林蔵とともに「蝦夷三蔵」「文政三蔵」と称せられた知名人だ。生活のために蝦夷地へ入植した千人同心とも縁がある。

あらゆる武芸に通じる平山行蔵は、自らを厳しく律したという。

着物は年間一枚だけで過ごし、真冬でも足袋は履かず、寝るのは板の間。妻は娶らず、食事も極めて質素。毎朝、冷水をかぶった後、剣術、砲術、槍術、馬術の稽古に励む。

その平山自身の武芸観を表したのが、「それ剣術とは、敵を殺伐する事也《なり》」（『剣説』）の一節だ。荒っぽいが、実にストレートな表現である。

明治時代になって廃刀令が出ると、剣術は剣道と名を変え、「道を究《きわ》める」といった求道者精神が強調されるのだが、それは後の話。幕末までは「技」である。

総司の稽古について、『新選組遺聞』は次のように描写する。塾頭になった頃の話かもしれない。

太刀筋が荒っぽかった上、非常に気短だったので弟子達は恐れていた。沖田は説いて

「敵を刀で斬るな、体で斬れ斬れ」と教えた。

とすれば、総司が平山行蔵を尊敬しても一向に不思議ではない。

多摩への出稽古

初めて総司が記録に登場するのは、安政三年（一八五六）四月二十日、十五歳のとき。入門から約三年では、通常「目録」程度だが、師匠近藤周助に随行して出稽古（出張教授）に行ったのだから、「栴檀《せんだん》は双葉より芳《かんば》し」（大成する者は、幼い頃から優れている）の例えどおり、上達ぶりは著しかったと思われる。その頃、近藤周助は六十五歳とすでに高齢である。

場所は、甲州街道沿いの多摩郡下仙川村［東京都調布市］名主の田辺家だ。試衛館から内藤新宿（現在の新宿）までは約六キロ。そこから甲州街道を下って、下仙川村までは約十八キロの距離である。

江戸時代の旅人は、一日八里から十里（三十二～四十キロ）は歩いたというから、若い総司一人であればそれほどでもないが、老齢の師匠の御供なので、総司は二人分の竹刀と剣術道具を担いだのだろう。

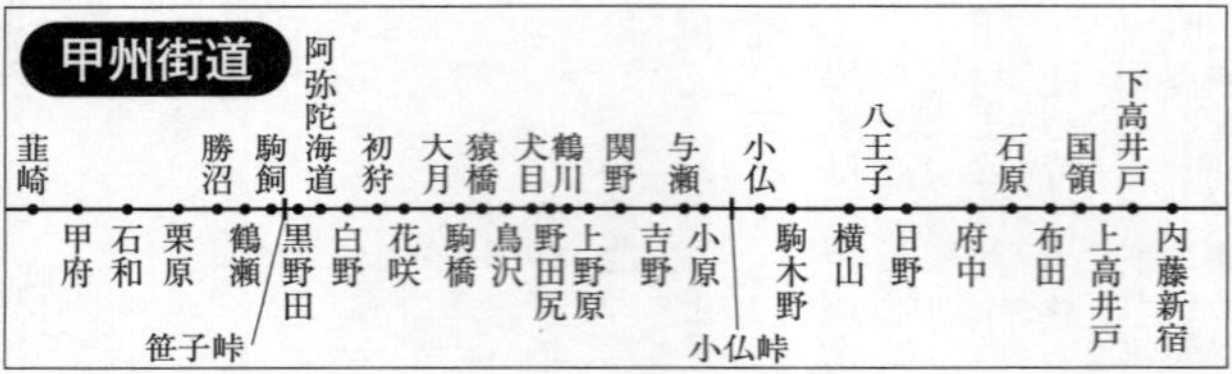

その頃、名主宅によっては、自宅を一部改築して稽古場を設けたりするが、庭先での稽古も多かったようだ。田辺家がどちらかは不明だが、その『剣術稽古覚帳』に次の記載がある。

「二十日　近藤道場　惣三に一本願／同日　同　高麗三に一本願」

近藤道場の「惣」が、総司の通称「惣次郎」の略。「高麗」は「甲良」のことで、師匠周助を意味する。人名の代わりに地名を用いることは、落語の世界にもあり、「黒門町の師匠」といえば八代目桂文楽を指す。

なお、『剣術稽古覚帳』の「三に一本願い」の意味は、わかりづらい。教えを受けた者が「三本に一本は取った」ということだろうか……。三本勝負の場合、通常、師匠は弟子に勝ちを一本譲ったとされる。

出稽古については、沖田総司が二十歳の頃と思われるが、日野宿名主佐藤彦五郎の子・源之助（明治以後は佐藤俊宣）の談話もある。

勇の来ない時に、きっと代わりに沖田総司がやって来た。しかしこの人は、自分の出来る割りに、教え方が乱暴で、おまけになかなか短気であったから、門弟達は、勇よりずっと恐ろしがっていた。（『新選組始末記』）

ここでも、沖田総司の短気で荒っぽい性格が語られる。

八坂神社への献額

安政五年（一八五八）八月、総司が十七歳のとき、近藤周助は日野の門人や発起人とともに、日野の八坂神社（当時は牛頭《ごず》天王社）に額を奉納する。

これを「献額、奉額」といい、天然理心流のみならず、諸流派はこぞって神社に献額を行った。武運長久を祈るのは当然のこととして、献額には一門の勢力誇示、他流派へのデモンストレーションの意味合いが大きい。

中里介山の『大菩薩峠』の発端は、甲源一刀流の分派が新流派を立ち上げて、御嶽山神社［東京都青梅市］に献額しようとした慶応三年の実際の事件をヒントにしている。

さて、天然理心流の額は、横八十センチ、縦五十センチの欅《けやき》造りで、日野在住の門人十七人と発起人八人が名を連ねるが、本書に登場する人を、ピックアップしたい。なお、最初の近藤周助と最後の島崎（近藤）勇は、一段高く書かれている。

近藤周助藤原邦武／門人　井上松五郎一俊、佐藤彦五郎正俊（正しくは俊正）、佐藤信四郎信嘉、井上源三郎一重（後に一武）／発起　馬場兵助源武忠、中村太吉郎藤原満通、谷定次郎源政泰、沖田惣次郎藤原春政、嶋崎（島崎）勇藤原義武

浪人近藤周助と沖田家厄介の総司だけが武士であり、苗字を許された佐藤彦五郎を除けば、本来、その他の者は苗字を冠することはできない。千人同心の井上松五郎は、公務以外は姓を名乗れない。勇にしても、浪人近藤家の相続前である。

しかし、門人は堂々と「姓・通称・諱」を、発起人は加えて「本姓」までも記している。発起人の馬場兵助は日野で荒物屋、中村太吉郎は料理屋を営む者だ。それでも彼らは武士に強い憧憬を抱き、自らを武士と任じていた。それが如実に窺える史料である。

この頃、総司は諱を「春政」とした。その謂《いわ》れなどは不詳だが、勇の一つ前に姓名が記されており、江戸試衛館の門人を代表する立場だったことが窺える。

一方、勇の諱「義武」は、三代周助邦武の一字「武」を授かったものだ。さらに近藤家の相続後は、諱を「昌宜《まさよし》」と改める。「昌」は二代三助方昌の一字、「宜」は「義」と同義である。

翌安政六年（一八五九）、新たな献額の話が持ち上がり、五月五日に勇や井上松五郎が後援者の小野路村名主小島家を訪ねて、協力依頼を始める。

小島家は〈角左衛門政則―鹿之助為政―守政〉と続き、政則は『聴書』を、鹿之助為政は『両雄士伝』を、守政は『慎斎私言《しんさいしげん》』などをそれぞれ残しており、代々の日記とともに貴重な新選組史料である。

さて新たな献額の背景には、高齢の近藤周助が道場を勇に譲る決意を固めたことがある。八坂神社の場合は日野限定だったが、今度は府中六所宮《ろくしょぐう》への献額であり、勇の近藤家相続・四代目襲名を兼ねての一大イベントを挙行する計画だ。

実際の献額は、予定より遅れて二年後の文久元年八月に行われる。それは後で触れるとして、安政六年四月十二日、勇よりも前に総司は小島家を訪ねる。新暦では五月十四日、爽やかな季節である。

甲州街道を府中まで行って、そこから鎌倉街道を南下したのだろう。『小島日記』に「近藤門人阿部侯惣二郎来る」と記される。

近藤周助の門人で、白河藩主阿部家の家来という意味で、「侯」とは大名のことだ。沖田林太郎の厄介であっても阿部家の家来に相違はなく、この頃の林太郎は江戸下屋敷でまだ奉公を続けていたことが窺える。

訪問の趣旨は出稽古なのか、それとも献額の件かは書かれていないが、まだ単独で教授できる段階ではなかったと思う。

その二ヶ月後の六月九日、彼は日野宿名主佐藤家へ赴く。

「近藤周助、弟子沖田惣次郎同道泊まり。翌十日、昼まで稽古し、昼後、八王子宿へ行く」（『佐藤彦五郎日記』）

この時分の総司が、師匠の随行者なのは明らかだ。

近藤勇の結婚騒動

勇が近藤家と四代目宗家を相続するからには、妻を娶る必要がある。

その嫁選びを巡って、近藤周助の家で一悶着が起こる。現代でいえば、家庭内不和、親子喧嘩である。

小島家の記録『慎斎私言』によると、勇は三度見合いをしたが、二人は美しく一人は醜かった。それでも、勇は「醜者」を娶ることに決める。

実際の挙式は万延元年（一八六〇）三月二十九日で、今は半年前の安政六年秋の話だ。

勇が選んだのが、松井八十五郎《やそごろう》の娘ツネ。松井家は「御三卿」清水家付きの幕臣（御家人）である。その家と通婚できるのだから、浪人近藤家も歴とした士分となる。

見合いの席上、美人二人は嬌態を見せたが、ツネだけは奥床しく謙譲の気持が見てとれた。『新選組余話』によれば、「道場には若い男子の出入りが多いので、美人は相応《ふさわ》しくない。それがツネを娶る理由だ」と勇は媒酌人に語ったという。

前に近藤周助は女好きと書いたが、彼は「妾を一人、その道場へ出しておいた」（『幕末奇談』）という話もある。

勇や総司にとっては、さぞかし稽古がやりにくかったはずだ。勇が話した「若い男子の出入り」は、近藤周助への当て付け、表立ってはいえない反発とも受け取れる。

近藤周助の妻妾が同居していたかは不明だが、彼の妻は芸者あがりのフデという。「すこぶる頑固にして家計豊ならず」（『両雄士伝補遺』）とあるように、頑固な性格で金遣いも荒かった。

世間体を気にするフデは、「醜者でなければ、近藤家は嫁取りができないのか」と、ツネとの縁組に猛反対した。それに近藤周助も同調したらしい。

十月七日に、とうとう周助夫婦は家出してしまう。この騒動に、勇の弟分というべき総司も巻き込まれる。

勇は親孝行である。それゆえに、養父母の行動に当惑した彼は、十二日に小島鹿之助宛てに、「拙宅差しもつれの一条始末……」と窮状を訴える書状を送る。

長文なので、概略を記したい。

拙宅（我が家、試衛館）のもつれた一件ですが、七日に養父母が別宅に移ったので、跡宅は無人のようになりました。私はいろいろな俗事に掛り切りで、撃剣のことも心に任せませんが、このまま浪々の身となって滅びるのも本意ではありません。
この場に堪えて再び流祖の志を建てたいと願っています。ただ独り身では力がおよびませんので、人をお貸しください。御恩は来世まで忘れません。いずれ伺ってお話し申し上げます——。

さらに追伸部分に、転居した養父母が「諸道具はもちろん、襖《ふすま》、障子《しょうじ》類まで残らず相《あい》遷《うつ》し当惑仕《つかまつ》り候」と書いている。

家財道具を始め、建具なども一切合切が試衛館から運び出されたのだ。二十六歳の勇と十八歳の総司は、ただただ呆然とするばかりだったと思われる。

この書状を十八日に小島家へ届けたのが、総司である。

「近藤門人惣二郎来る。……近藤勇殿より伜鹿之助へ手紙来る」（『聴書』）と書かれるとおりだが、寒さに震えながら、冬の甲州街道を辿る足取りはさぞかし重かっただろう。なお、対外的には近藤姓を名乗っていた勇は、十一月になって小島鹿之助を訪問した。

周助夫婦の移転先は、四谷の舟板横丁［新宿区舟町］。

横町とも書かれるが、現在の地下鉄丸ノ内線・四谷三丁目駅または都営地下鉄新宿線・

曙橋駅の近くである。ここで、養母フデは約二年後の文久元年八月に死亡する。

近藤周助は、その後も舟板横丁に住居し続けた。勇に跡を譲った後は、隠居名の周斎を名乗り、門人からは「老先生」と呼ばれた。相続後は、近藤勇が「先生」となる。

この安政六年以降に、沖田家でも大きな変化が起こる。

というのも、林太郎が浪々の身となったからだ。彼は同年十一月まで白河藩江戸組として勤務していたが、四年後の文久三年（一八六三）時点では浪人身分となっている。文久三年の新徴組の『諸御達伺書』には、「阿部播磨守（正耆《まさひさ》）元家来　故《ゆえ》有りて浪人当時四谷伝馬町一丁目住居」とある。原文の「当時」は、現在の意味だ。まだ三十八歳で、定年の四十歳には達しておらず、「故ありて」の内容は不明である。

浪人となった林太郎は、白河藩江戸下屋敷から四谷伝馬《てんま》町一丁目［新宿区四谷一丁目］へ移る。近藤周助の隠居宅に近い場所だ。

『新選組遺聞』には、「（林太郎は）四谷舟板横町の隠宅でねている勇の養父周斎老人とも、いい話相手であった。周斎老人がこの隠宅に没した時も、早くからやって来て、何にかと、親切に世話を焼いた」と描かれる。

少し話が先に進んだが、厄介の総司にとって「義兄の失業」は大問題である。林太郎にリンクして、総司も対外的には白河藩阿部侯の「元家来」と浪人身分になったからだ。三代続いた足軽小頭の生家は絶え、もはや白河藩に身の置き所はない。足軽御譜代席の継承（順養子）といった将来設計も潰《つい》えてしまう。

今や立つ瀬がなくなった総司は、自らの剣術で身を立てる以外にない。試衛館の跡を継ぐのは勇なので、この頃の総司は、弟子が取れる指南免許を目指したと思われる。

借金の使い

安政七年は、三月十八日に万延元年（一八六〇）と改元される。

三月三日には、水戸浪士らによる桜田門外の変（大老井伊直弼暗殺事件）が起こり、世情は騒然となる。その数日後、十九歳の総司は小野路村名主の橋本家を訪問する。

「昨日（八日）、近藤内沖田惣次郎来り泊る。同断土方歳蔵」（『橋本家日記』）

これが総司と土方歳三が一緒に登場する最初の記録だが、入門してまだ一年の土方歳三のキャリアからすれば出稽古ではなかろう。日野近在の石田村に住む歳三は、常日頃、試衛館へ出入りしていたわけではない。時折、稽古に通う程度だ。

土方歳三は、親戚である小島家や橋本家に顔を出す機会が多く、この日も、必ずしも江戸から総司と同道したとは思えない。ただし、訪問の趣旨が勇の縁談に関する報告であれば、橋本家で総司と落ち合った可能性はある。

改元後の三月二十九日、近藤勇と松井ツネが結婚する。

松井家の屋敷は現在の千代田区富士見にあり、試衛館までは一キロ強の距離である。挙式の模様は伝わっていないが、さすがに周助夫婦も列席はしたのだろう。

とはいえ、周助夫婦の転居後、試衛館住居の家財道具一式は新たに調達せざるを得ず、ずっと近藤勇は金欠にあえいでいる。婚儀でも相応の出費はあったはずだ。

道場の経営は、剣術教授に対して弟子が支払う謝礼に依存する。

翌文久元年（一八六二）の出稽古のケースでは、「先生」勇への謝礼は一人当たり金二朱、「塾頭」総司へは金一朱が相場だったようだ。

〈金一両＝金四分＝金十六朱〉なので、近藤勇の場合は一度に八人集まれば、金一両を獲得できる。半額の総司は、倍の人数を集めないと、金一両にならない。そういう仕組みである。

しかし現状は、稼ぎ頭だった近藤周助は転宅で隠居状態。近藤勇は試衛館での教授があり、しかも雑事を多く抱えているので、出稽古までは手が廻らない。総司が免許皆伝を得ていたとしても、単独の出稽古では周助や勇ほどには稼げない。

収入は細り、その一方で物入り続き。したがって今の試衛館には金がない。

挙式後、早々に近藤勇は総司を上石原村へ使いに出す。実家の分家である宮川弥五郎に借金を依頼するためだが、あっさりと断られてしまう（45ページ系図参照）。

やむなく近藤勇は、長兄の宮川音五郎を頼るのだが、その使いもまた総司である。

四月十九日付の書状で、近藤勇は「先頃、総司をもって分家へ金談の無心（を）申し入れ処《ところ》、折悪しく御用立ても相成らず」と借金を謝絶されたことを明かし、昨年以来の分や暮に大きな支出があって「物入り等相嵩《あいかさ》み甚だ難渋」と窮状を述べる。

続いて近藤勇は、今回必要な金は格別なものだとし、初めての無心（借金の申し出）を断った親類を憤った上で、次のように申し出る。

「着（物）類差し遣わし候あいだ、金十両拝借仕《つかまつ》りたく、もっとも十両には品物不足に御座候や……。二十四、五日の内には総司郎差し遣わし候あいだ、それまでに御用立ての程、ひたすら相願い奉り候」

さらに追伸として、勇自身がお願いに伺うつもりだったが、種々の用事ができてしまい、「総司をもって申し上げ候」と記す。

着物とは、ツネが嫁入りに際して持参した絹物であろう。それを質草（担保）に入れるので、質草が不足かもしれないが、ぜひ十両を用立ててほしい――。

そのように近藤勇は長兄に頼み込んだのだ。そして借金の使いを託された総司は、重たい着物を背中に担ぎ、またもや甲州街道を上石原村へと向かう。残念ながら、無事に借金できたのか、どうかは伝わっていない。

文面からすると、借金の口上から質草運びまで、近藤勇は総司に全幅の信頼を寄せた。

子母澤寛が参考にした『新選組実戦史』（原題『実伝剣戟近藤勇』）にも、「（総司は）白川藩士沖田某の子であるが、幼より勇に養われ」とある。

また総司も、兄事する近藤勇を通じて宮川家との交流を持った。最初に使いに行った宮川分家の次男信吉《のぶきち》は、慶応元年に新選組に加入して総司の一番組に属すことになる。

この『近藤勇書状』には、「総司（郎）」が三回ほど登場する。諸記録ではまだ「惣次郎」と書かれるケースが多いが、本人が「総司」を用い始めた時期かと思われる。

九月三十日、『武術天然理心流』や『府中奉額始末』によると、府中の六所宮（大國魂神社）への献額が行われた。日野の八坂神社に次ぐ献額であり、近藤勇の借金十両はその費用に充てたのかもしれない。

近藤周助・勇父子、井上松五郎、土方歳三らが出席して、型試合も披露されたが、総司の名前は見当たらない。なぜか他にも欠席者が多いのだが、どういう事情があったのかは不明である。なお、この献額は相当大きいものだったが、現在では所在不明となっている。

府中の野試合

文久元年（一八六一）四月十二日、小島家の記録に「近藤塾頭惣二郎来。石田歳蔵（石田村の歳三）、（橋本）道助方泊り也。夜に入来。昨日、新宅（橋本分家）にて稽古致し候約束也」（『聴書』）とある。

七十歳となった近藤周助は隠居して、勇の四代目襲名が固まる。その代替わりを機に、二十歳の総司が試衛館の塾頭に就いたと思われる。いわゆる師範代である。

それから四ヶ月後、近藤勇の正式な四代目襲名披露の野試合が、八月二十七日に六所宮の広場で開催される。前年の秋に献額した神社である。

セレモニーの一週間前、総司は連光寺村名主の富沢忠右衛門の許《もと》へ赴き、出席依頼の書状と進物を渡す。

富沢忠右衛門の日記には、次のように書かれる。

「今昼頃（二十日）、江戸市ヶ谷柳町近藤周助使い沖田惣次郎来る。右は周助儀、老衰及び養子勇に相続致させ候につき、相変わらず引き立てくれ候」

総司からの依頼内容は、「披露のため、二十七日に府中松本屋に集まり、六所宮の地内にて野仕合（試合）の調練を行うので出席をお願いしたい」（意訳）。

随分急な話だが、近藤周助がセレモニーを決断した背景には、八月に勇夫婦と不和だった妻フデが逝去したことがある。それが、周助・勇父子の和解に繋がったようだ。

野試合とは屋外で行う団体戦であり、集合撃剣ともいう。

形式は実戦仕立てで、紅白に分かれ、防具の上に乗せた土器が割られると討死とされる。勝敗は、多く生き残った方が勝ち、もしくは敵の大将を討ち取った方が勝ち。天然理心流の場合は後者である。

佐藤彦五郎の書状によると、試合は三回戦。

赤の大将は小山村名主・萩原糺《ただす》で従う者は三十五人、白の大将は日野宿名主・佐藤彦五郎で同数の者が従う。赤軍には衛士・土方歳三や戦士・山南《さんなん》敬助が、白軍には目付武者・井上松五郎らが参加した。

近藤勇は本陣の惣（総）大将で、直接試合には出場しない。

この本陣には、「軍師・寺尾安次郎、軍《いくさ》奉行・沖田林太郎、軍目付・原田忠司、太鼓・沖田惣司、鉦《かね》役・井上源三郎」らが名を連ねる。総司は、「郎」が付かない惣司と書かれている。

順に説明すると、「御三卿」田安家付きの幕臣寺尾安次郎は、近藤勇らが京都に行っている間、幕臣の与力福田平馬とともに留守宅（試衛館）の面倒を見た人物だ。沖田林太郎は、前述のとおり、この頃は浪人していた可能性がある。

近藤周助の高弟である原田忠司は、国領［東京都調布市］に道場を構える一門の長老格だ。近藤勇や総司が近藤周助と出稽古に行く前は、原田忠司が随行する機会が多かった。近藤勇より前に、指南免許に達したと思われる数少ない人で、試衛館の塾頭は、〈嘉永年間・原田↓安政年間・勇↓文久年間・総司〉と推移したようだ。

今回の野試合では、原田忠司が目付として戦士同士の勝敗を見極める。『武術天然理心流』によると、元々彼の通称は忠次郎だったが、いつしか忠司と改称したという。

近藤家の代替わりを機に、総司も原田忠司に倣《なら》って「郎」の字を取った——。

その可能性は多分にあると思う。というのも、かつての〈師匠近藤周助—塾頭原田忠司〉体制が、〈師匠近藤勇—塾頭沖田総司〉体制へ移行するからだ。

野試合のとき、本陣にいた総司は太鼓役を勤めた。

合戦の際、「太鼓役、鉦役、貝役」は、大将の采配に従って鳴り物で軍に進退を知らせる役割を担う。今回の野試合における分担は不明だが、『佐藤彦五郎書状』によると、一回戦で赤の大将が討ち取られたときに、太鼓が叩かれたという。

三試合の終了後、血気盛んな若者たちは、府中の女郎屋に繰り出して店を借り切った。後援者の顰蹙《ひんしゅく》を買ったようだが、総司も参加したと思われる。

ここで、野試合に参加した山南敬助について触れておきたい。

仙台脱藩の浪人山南敬助は、試衛館の食客《しょっかく》（居候《いそうろう》）と思われがちだが、正式な門人であり、近藤勇に試合で負けたため、「弟子の礼を執《と》る」（『両雄士伝』）、「近藤勇に随身致しおり候」（『異聞録』）と記される。

姓の読み方は「さんなん」が正しく、三男啓助として文久元年一月の記録に初登場するので、入門はそれ以前と思われる。多摩にゆかりのない人物だが、山南敬助、土方歳三、総司、井上源三郎の四人が、「近藤勇の四天王」と称される。

剣術の名人

文久元年八月の襲名披露野試合の後に、名主などの後援者の間で「試衛館修復」の話が持ち上がり、「講（頼母子《たのもし》講）」が計画される。

頼母子講とは「互いに掛け金を出し、金を融通しあう組織」、いわば互助会であり、江戸時代ではポピュラーな資金調達方法だ。

試衛館修復を目的とする講を、連光寺村名主の富沢忠右衛門は「近藤勇試衛場永続講」（『農民の日記』）と記録する。具体的には、頼母子講の参加者を百人募って、一人一両の掛け金で総額百両集めるという計画だ。

早速、総司と井上松五郎が掛け金の集金に多摩郡の村々を廻る。

暮の十二月二十一日、富沢忠右衛門は日記に「井上松五郎、沖田惣次郎両人来り、頼母子(講)金一両渡す」と記す。

それと呼応するように、佐藤彦五郎が富沢忠右衛門に宛てた十二月十四日付の書状には、「試衛場修復一条……過日井上に沖田相添え近辺一巡致させ候ところ」(『天然理心流の六所宮野試合について』所収)、暮のことなので留守が多かったと記される。

頼母子講への賛同者は三十数人いたが、総司らが集金できたのは十三両に過ぎなかった。そこで佐藤彦五郎は、「富沢、小島、佐藤ら名主五人で、五両ずつ立て替えてはどうでしょうか」と富沢忠右衛門に打診したのである。了解が得られれば、「来年二月に野試合を催して、そのときに立て替え金を回収しましょう」「修復のために、金子(集金分と立て替え分)を、近藤先生にお貸し渡しください」(意訳)と続く。

このように立て替え金の話が出るほど、試衛館の修復は急務だったようだ。天保十年(一八三九)の建築とすれば、文久元年では築二十二年の物件である。

翌文久二年(一八六二)三月二十五日、再び六所宮で「近藤門弟野試合」が行われ、「剣術道場修復頼母子」(『農民の日記』)の名主立て替え分の回収もできたのだが、この野試合の詳細と道場修復の件がどうなったのかは不明である。

とはいえ、立て替え金を近藤勇に渡したほどだから、工事は実施されたのだろう。

そこで思いあたるのが、老朽化していたはずの試衛館を、門人の近藤芳助が「かなり立派の道場たり」と記す点だ。彼は、改修後の道場の様子を伝えたのかもしれない。

文久二年になると、一月から総司は小野路村名主橋本家へ出稽古に通い始める。二〜三ヶ月毎で、近藤勇や山南敬助と一緒のときもあるが、総司一人のことが多い。師匠勇の代稽古である。

七月半ばのこと。

十二日、雨の降る中を総司は一人で橋本家に赴く。十四日に橋本家の庭で五人の者に稽古を付けた後、当時流行していた麻疹《はしか》に罹《かか》る。江戸時代の麻疹は、子供ばかりでなく、大人でも命を落とすような病気だった。

雨の道中が響いたのかもしれないが、体調不良の総司は、橋本家近くの小島家にも寄ったらしい。十五日の『小島日記』に次の記事がある。

近藤勇先生門人、沖田惣次郎殿、当十三日より（橋本）道助方へ代稽古（に）罷り出でおり候処《ところ》、これまた麻疹体につき、門人佐十郎、布田《ふだ》宿まで馬にて送り行く。症の軽重相分からず。この人、剣術は晩年必ず名人に至るべき人也、故《ゆえ》に我ら深く心配いたす。

総司は、橋本家で稽古を付けた佐十郎によって、甲州街道・布田宿［東京都調布市］まで馬で運ばれる。馬代は、稽古を付けた五人が分担した。そこから先の行程は伝わっていないが、一時、近くの宮川家で養生したのかもしれない。

幸いにして麻疹は全快したらしく、再び総司は十月と十二月に橋本家に出稽古に赴く。総司が罹患した際、心配した小島鹿之助は右に掲げた記事を書いた。

そもそも有力後援者の彼が、若輩の総司に対して、「殿」の敬称を付けるだけでも異例なのである。それだけ総司を「末は名人」と嘱望していたのだろう。

総司の剣について、子母澤寛は次のように描く。

「剣術を遣う形は、師匠の近藤勇そっくりであった。その上、掛声までが、細そい肝高いよく似たもので、ただ太刀さばきに少しうるさい癖があり、……沖田は、太刀先きが、下り気味で、前のめりの構《かまえ》をとった」（『新選組遺聞』）

彼の得意技は、日野の佐藤俊宣の目撃談によると三段突きだ。

「や、や、や、と足拍子三つが、一つに聞こえ、三本仕掛けが、一技《ひとわざ》とより見えぬ沖田の稽古には、同流他流を問わず、感心せぬものはなかった」（『新選組遺聞』）

そこに、総司の抜群の反射神経を見ることができる。

また佐藤俊宣は、後年、孫に総司の風貌を語る。
「背が高くて、色は浅黒い方で、少し猫背のように背を丸めていたがよく笑う人だった」
「ひら顔で目が細く、そうよな、ヒラメみたいな顔をしていたよ」（『私説　沖田総司』）
どうやら総司の顔は、目の間隔が寄っていたらしい。
また、京都で総司に接した八木為三郎も、佐藤俊宣と似た話を語り残す。
「丈《たけ》の高い肩の張り上がった色の青黒い人でした。よく笑談《じょうだん》をいっていて殆ど真面目になっていることはなかった」（『八木為三郎老人壬生ばなし』、以下『壬生ばなし』と略す）
稽古での総司は短気で荒っぽい。剣はめっぽう強く、天才肌である。それでいて、兄とも慕う近藤勇の言い付けなどには大層従順で、朴訥《ぼくとつ》といった印象さえ受ける。総司の人格の中には、江戸（都）の気質と多摩（鄙《ひな》）の風土が同居していたのかもしれない。

試衛館に集う人々

総司が出稽古に明け暮れる頃、時代は「尊王攘夷」で沸騰している。全国各地で国事に奔走する志士が現れ、「尽忠報国」を唱える。

幕末のキーワードが、この尊王攘夷と尽忠報国であり、国事を志す者の共通概念である。

そして政治都市・京都では、過激な尊攘派浪士（諸国の脱藩浪人）による天誅が横行する。天誅とはテロ行為である。

文久二年頃の試衛館では、門人とともに数人の浪人も剣術の稽古に励んでいた。その一人である永倉新八の『浪士文久報国記事』（以下『報国記事』と略す）によると、「稽古終って、稽古人集り、各々議論、国事を愁うる」として、次の十三人を記す。

近藤勇、山南敬助、土方歳三、沖田総司、永倉新八、佐藤彦五郎、大月銀蔵、斎藤一、藤堂平助、井上源三郎、佐藤房次郎、中村太吉郎、沖田林太郎

他にも日野宿の馬場兵助、石田村の土方久蔵といった門人も出入りした。原田左之助が道場にやって来たのは、もう少し後のようだ。

永倉新八、斎藤一、藤堂平助に原田左之助を加えた四人が、道場の食客（居候、他流派系）で、残りが近藤勇の直門メンバー（天然理心流）となる。

食客になった経緯について、永倉新八は、剣術修業のつもりで道場を訪ねたとき、近藤勇が発する義気に触れ、「沖田、土方、山南その他豪傑連とともに、いつしか親密のまじわりを結ぶ仲になった」とする。

中でも総司については、「塾頭は沖田総司という人で、後年に名を残した剣道の達人」

（『新撰組顛末記』、以下『顛末記』と略す）と、最大級の賛辞を贈っている。

ここで、壬生浪士組（新選組の前身）の幹部となる者の生年と生国を記しておこう。

○近藤直門

近藤勇：天保五年（一八三四）生。生国は武蔵国（多摩郡）。天然理心流四代目。

山南敬助：天保四年（一八三三）生。陸奥国仙台藩元家来。

土方歳三：天保六年（一八三五）生。生国は武蔵国（多摩郡）。

沖田総司：天保十三年（一八四二）生。生国は武蔵国（江戸）。陸奥国白河藩元家来。

井上源三郎：文政十二年（一八二九）生。生国は武蔵国（多摩郡）。千人同心の弟。

○食客

永倉新八：天保十年（一八三九）生。生国は武蔵国（江戸）。蝦夷松前藩の上士の家に生れ、神道無念流などを修業。

斎藤一：弘化元年（一八四四）生。生国は武蔵国（江戸）。御家人の家に生れたとされる。総司より二歳年少。

藤堂平助：弘化元年（一八四四）生。生国は武蔵国（江戸）。北辰一刀流・伊東甲子太郎の弟子。総司より二歳年少。

原田左之助：天保十一年（一八四〇）生。生国は伊予国。元は伊予松山藩の中間。種田流槍術・谷万太郎の弟子。

浪士組の募集

文久二年の暮、朝廷から攘夷実行を迫られた十四代将軍徳川家茂《いえもち》は、翌年三月の上洛を決める。しかし、天誅の嵐が吹き荒れる京都は、治安が極度に悪化して、無警察状態に陥っている。

その事態を憂慮した幕閣は、暮から翌文久三年一月にかけて、江戸市中と関東で将軍警護を勤める浪士の募集を始める。浪士とは浪人の敬称で、本来は武士身分の者をいう。

募集は出羽浪人清河八郎の献策によるもので、関東の浪士を将軍上洛に先だって京都に送り込み、西国の過激派浪士を制すという策である。

募集人員は約二百五十人。応募条件は、「身分の貴賤や年齢を問わず、尽忠報国の志がある身体強健な者」と、急な話なので実態は無条件に近い。

俸給については、前述のとおり、土方歳三は小島鹿之助宛ての書状に、「ご上洛お供として三十俵二人扶持ずつ下され候」(一月十二日付)と記す。金十四両相当であり、坂本龍馬が記す「十両二人扶持」とほぼ同額である。当初、警衛の期間は三ヶ月程度と見込んでいたようだ。

募集方法は一衆毎《ごと》、すなわち道場などのグループ単位となる。早い時点で試衛館へも募集情報がもたらされ、直門・食客一同は浪士組参加を即決する。

国事もさることながら、浪人身分の近藤勇や総司は、「一廉《ひとかど》の武士になりたい」という成り上がり願望、立身出世意欲を持っている。

まずは、一介の浪人から志を有する浪士へ——。

同様に農民・商人身分の門人も、身分の上昇願望を抱いている。たとえば農家出身の土方歳三も今は自称浪人だが、参加すれば帯刀して堂々と土方姓を名乗る浪士になれる。さらに永倉新八は、「日ごろの鬱憤を晴らそう」（『顚末記』）と記しており、閉塞した環境から脱出したいという思いも多分にある。

参加決定は文久三年一月十四日前後のこと。

近藤勇や土方歳三は小島鹿之助を訪ねて、鎖帷子《くさりかたびら》や刀を借用する。十七日の『小島日記』には、「近藤門人山南敬助、澳田（沖田）惣次来る」とあり、総司らも連れだって挨拶もしくは武具の借用に来たようだ。

このとき、二十二歳を迎えた総司が、諱を〈春政→房良〉と改めた可能性がある。改名には、新ステージに向かう決意表明の意味合いがあり、土方も〈歳蔵→歳三〉と改称している。

浪士組には、日野在住の門人も参加に意欲を示す。

初期段階の希望者リスト（『異聞録』）には、次の九人が載る。

武州石田村　土方久蔵　土方歳三／同日野宿　佐藤彦四郎　谷定次郎　中村太吉郎　井上源三郎／江戸市ヶ谷　浪人　山南敬輔　澳田（沖田）惣次　近藤勇
最終段階で、土方久蔵、佐藤彦四郎、谷定次郎の三人は断念するが、日野のメンバーは、いずれも八坂神社の献額に名を連ねた者である。

そしてリストからは、天然理心流の江戸組三人（山南、総司、近藤）は浪人身分であること、それと食客グループの四人（永倉、斎藤、藤堂、原田）は未掲載で、天然理心流とは見做されていないこともわかる。

浪士組の上洛

二月五日、浪士組参加者二百三十四人は伝通院［文京区小石川三丁目］に集合する。そこで浪士取締役の旗本鵜殿鳩翁《うどのきゅうおう》から、道中・上洛中の規約と組の編成が申し渡される。烏合の衆なので、八日の出発を控えて事前ガイダンスが実施されたわけだ。

永倉新八によれば、このとき、各々で「組頭を人選致すべし」(『報国記事』)という御達しがあり、近藤一統は水戸浪人芹沢鴨を選出したとする。とすれば、近藤一統の誰かが芹沢鴨に関する情報、あるいは接点を有していたことになり、それは芹沢鴨と同じ神道無念流を修める永倉自身だったのかもしれない。

芹沢鴨の出自については諸説あるのだが、神官の養子となった後、水戸天狗党の過激グループ（長岡勢、玉造勢）に参加した。当時の神官は、攘夷の急先鋒である。

その後、水戸藩に逮捕された芹沢鴨は、二年弱の入牢を余儀なくされるが、前年十二月に恩赦によって釈放されたばかりの身だ。

一方で、同日、日野宿名主佐藤彦五郎は、「御上洛御供仰せ付けられ候浪人組（浪士組）」に参加する「源三郎、太吉、兵助、歳蔵（歳三）、房次郎」の五人を、代官江川太郎左衛門に届け出る。定住地を無断で離れれば、無宿者、浮浪とされるからだ。なお、名主である彼にしても、代官を憚って苗字を書かずに「彦五郎」と署名している。

そして近藤勇は留守中のことを、佐藤彦五郎と門人の寺尾安次郎・福田平馬に託す。試衛館の住居には妻ツネと娘タマが、舟板横丁には老いた近藤周斎がいる。

出発前日の七日には井上松五郎が試衛館を訪れて、挨拶とともに餞別を渡す。その彼も将軍御供の千人同心として、少し遅れて京都へと旅立つ。

八日、伝通院を出発した浪士組一同は、中仙道を辿って京都へ向かう。

浪士といっても、浪人者ばかりではない。近藤一統と同様に農民出身者も多く、甲州の博徒・祐天《ゆうてん》仙之助は二十人の子分を引き連れて参加した。博徒は一本差しだが、浪士になれば羽織を着て両刀を帯びる。

浪士組参加者は貧しい身なりの者が多く、まるで百鬼夜行の有様だったという。

浪士取締役（最高責任者）には鵜殿鳩翁が、浪士取扱役には幕臣山岡鉄太郎らが就任した。立案者の清河八郎は役には就かなかったが、実態は彼の同志が浪士組を牛耳っている。清河八郎はフィクサー。そういう立場である。

組織は七番編成で、各番は二〜三の小隊から構成される。

その小隊長が「小頭」（組頭）で、十人程度の平士（隊士）が属す。これがラインであり、他に道中取締手付や道中先番宿割などのスタッフが置かれる。現在の軍隊の「行軍、進軍」をイメージすれば、わかりやすい。

栄《は》えある一番小頭の筆頭を担ったのが、武蔵国甲山《かぶとやま》村［埼玉県熊谷市］の名主根岸友山である。志士として知名度の高い彼は、甲山党と称する一衆三十人を引き連れて参加した。

試衛館からの参加者は、最終的に近藤勇以下十二人で、内訳は門人が九人、食客が三人。

食客の斎藤一は、遅れて京都で加入する。

五日時点の編成を記した沖田林太郎の『留書』によると、三番・新見錦《しんみにしき》組に「井上源三郎、佐藤房次郎、中村太吉郎、馬場兵助、沖田林太郎」の五人が配属された。

同じく三番・芹沢鴨組に「山南敬助、沖田総司、土方歳三、永倉新八、藤堂平助、原田左之助」の六人と、芹沢一統の「平山五郎、野口健司、平間重助」の三人が属した。

この芹沢鴨組に所属した者がメインとなって、京都で壬生浪士組を結成することになる。

なお、『留書』では洩れているが、近藤勇も組頭の一員である。彼には如才ない一面があり、途中で道中先番宿割に転じた。

このように道中では、さまざまな人事異動が発令され、芹沢鴨も道中取締手付に異動するので、各組の変遷は省略するが、京都に到着するときに近藤勇は六番小頭の一人になる。

メンバーは次の十人である。


近藤勇、山南敬助、平山五郎、沖田総司、永倉新八、野口健司、原田左之助、土方歳三、藤堂平助、平間重助

初期編成時の三番組が六番組となり、小頭が芹沢鴨から近藤勇に代わっているが、構成メンバーに異動はない。とはいえ、重要なのは、複数の浪士組名簿が同じ順番で姓名を記

していることだ。この記載順が「序列」であり、浪士の席次、格付けと思っていい。一例を挙げれば、近藤一統の中で、「ナンバー1近藤勇、ナンバー2山南敬助」は終始変わることはない。新選組の序列については後述するが、その原型は浪士組にある。

ここで芹沢一統の生年なども記しておきたい。年齢は文久三年時点で、浪士組の名簿『尽忠報国勇士姓名録』による。

芹沢鴨：天保三年（一八三二）生。水戸浪人。神道無念流免許。三十二歳。
新見錦：天保七年（一八三六）生。水戸浪人。神道無念流免許。二十八歳。
平山五郎：文政十二年（一八二九）生。姫路浪人。神道無念流免許。三十五歳。
野口健司：天保十四年（一八四三）生。水戸浪人。神道無念流目録。二十一歳。
平間重助：文政七年（一八二四）生。水戸浪人。芹沢鴨の門人。目録。四十歳。

総司は、「阿部播磨守元家来当時浪人　沖田総司　二十二歳」（前掲書）と記録される。前にも書いたが、「当時」は現在の意味だ。ちなみに林太郎も「阿部播磨守浪人　沖田林太郎　三十八歳」と同様である。

道中、総司に関する話は伝わっていない。

ただ、姓名の上に〇印を付けた名簿があり、末尾に「〇印の分、達人の趣《おもむき》に御座候」（『浪士姓名覚』）とある。判断基準は不明だが、寄せ集め集団の中で、「腕の品定め」が行われ、その情報を書き留めたものだろう。

右に記した人々の中で、〇印は「新見錦、中村太吉郎、馬場兵助、沖田林太郎」「芹沢鴨、沖田総司」の六人だけで、近藤勇や他の者は無印だ。

噂にせよ達人の一人とされた総司は、勇躍、京都を目指す——。

第二章　京都編――壬生浪士組の結成と抗争

京都壬生

文久三年（一八六三）二月二十三日、浪士組の一行は昼頃に京都へ到着する。新暦では四月十日、春たけなわである。

宿舎は郊外の壬生《みぶ》［左京区］とされ、一行は寺や壬生郷士などの家々に分宿する。芹沢鴨と近藤勇の一統は、郷士・八木源之丞邸の離れ座敷が割り振られた。

八木源之丞の次男が、当時十四歳の為三郎であり、「（離れ座敷は）六畳に四畳半、それに三畳に、ほかに少し板の間もあります」「わが屋敷内ながら、母屋から小半町も離れていますし、淋しいものでした」（『壬生ばなし』）と語っている。

この一人一畳程度の狭い座敷に、総司ら十数人は雑魚寝したのである。なお、新見錦の組は中村小藤太邸に入る。井上源三郎や沖田林太郎らの宿はこちらである。

夜になって清河八郎は、浪士組小頭以下主だった者を本部の新徳寺に集める。芹沢鴨や近藤勇らとともに、総司も列席した。

その場で清河八郎は、朝廷への「尊王攘夷上表文の提出」を提案し、出席者の署名を求める。尊王攘夷は浪士に共通する思いなので、総司を含めた全員が上表文に連署する。

二十八〜二十九日にかけて、浪士組は各番交替で御所を拝観するが、その間に「鵜殿鳩翁取扱浪士とも」の名で、清河八郎は朝廷に建白書を提出して了解を得る。

二十九日の晩、再び清河八郎は新徳寺で会合を開き、建白書の内容を一同に伝える。

将軍が天皇の命で攘夷を決断したので、我々は幕府の募集に応じて上洛しました。幕府には世話になりましたが、禄位（俸禄、官位）は受けておらず、尊攘の大義のためです。

関東で諸外国との戦争がいつ起こるやもしれず、その固めとして速やかに浪士組を江戸に差し向けて頂きたく存じます——。

清河八郎は、上洛したばかりの「将軍警衛」浪士組を、攘夷の魁《さきがけ》として直ちに江戸に帰還させることを朝廷に提案し、それが認められたというのだ。策士とされる所以《ゆえん》である。

それに強く反発したのが近藤勇であり、芹沢・近藤一統が同調する。近藤勇の論旨は、「我々は将軍警衛のために上洛したのであり、将軍の指揮下にある」というものだ。

かくして、芹沢・近藤一統は清河八郎と行動をともにせず、京都残留の決意を固める。浪士取締役鵜殿鳩翁にとっては予想もしない展開になったが、朝廷の意向なのでやむなく追認し、浪士組の江戸帰還（東下）は三月三日と決まる。翌四日には、将軍家茂が京都に入るからだ。

その後、浪士組の出発は十三日に延期されるが、それでも京都滞在期間は三週間ほどに過ぎない。

面目を潰された鵜殿鳩翁は、密かに清河暗殺を芹沢・近藤一統に指示するとともに、浪士組一番平士の殿内義雄《とのうちよしお》と家里次郎《つぐお》に京都残留希望浪士を募らせる。いずれも日付は不明だが、十日前後のことだろう。

清河暗殺が計画されたことは、六月の『近藤勇書状』に書かれているので間違いない。

「清川八郎……、右六人は洛陽（京都）において梟首《きょうしゅ》（晒し首）致すべしと周旋仕《つかまつ》り候処《ところ》、折悪しく天誅加えられず候。右の者儀は道中より拙者ども違論（異論）あり候」

永倉新八の『報国記事』によれば、ある日、土佐藩河原町藩邸に寄った清河八郎の跡をつけ、四条付近で殺害しようとしたが、側に将軍の御朱印（浪士募集の許可状）を持つ山岡鉄太郎が付き添っていたので、手出しできなかったという。

もう一つの『顚末記』では、より具体的に芹沢組七人（芹沢、新見、山南、平山、藤堂、野口、平間）と近藤組六人（近藤、土方、沖田、永倉、井上、原田）の二手に分かれて、清河八郎を待ち伏せしたが、同様の理由で暗殺を果たせなかったとする。

結果はともかく、総司が暗殺に加わった最初の事件であり、内部対立に端を発していることに注目したい。

京都残留浪士

あらかじめ京都に残留した浪士二十二人を、浪士組の職制に沿って掲げておこう。

〇道中取締手付：芹沢鴨、粕谷新五郎

〇一番：小頭・根岸友山、平士・家里次郎、殿内義雄、清水吾一、遠藤丈庵

〇二番：平士・阿比留《あびる》鋭三郎

〇三番：小頭・新見錦、平士・井上源三郎

〇六番：小頭・近藤勇、平士・山南敬助、平山五郎、沖田総司、永倉新八、野口健司、原田左之助、土方歳三、藤堂平助、平間重助

〇七番：平士・神代《くましろ》仁之助、鈴木長蔵

なぜ、鵜殿鳩翁が殿内・家里の両名に残留浪士募集を指示したのかは不明だが、残留希

望者は会津藩の差配（取りまとめと指図）を受けるという条件だ。いわば公式の募集であり、幕府は三月十日に京都守護職会津藩に差配を命じる。

それに対して、私的なルートを辿った芹沢・近藤一統は、同日に会津藩主松平肥後守容《かた》保《もり》宛てに京都残留の嘆願書を提出する。

「（同志一統は）何卒大樹公《なにとぞたいじゅ》（将軍）御下向まで御警衛仕りたく志願候……銘々退去延引の程御許容……」（『志 大略 相 認 書《こころざしのたいりゃくあいしたためしょ》』）と、滞京中の将軍家茂が江戸に戻るまでは、城外夜廻りといった警衛のために一統の滞在も延長していただきたい、と願い出たのである。

この嘆願書に連署したのが、次の十七人だ。

芹沢鴨、近藤勇＊、新見錦、粕谷新五郎、平山五郎、山南敬助＊、沖田総司＊、野口健司、土方歳三＊、原田左之助＊、平間重助、藤堂平助＊、井上源三郎＊、永倉新八＊、斎藤一＊、佐伯又三郎、阿比留鋭三郎（＊は近藤一統）

浪士組には不参加だった斎藤一と佐伯又三郎が、このタイミングで加わる。試衛館の食客斎藤一は、京都で近藤一統と合流したのである。

それはさておき、この連署は単に姓名を羅列したのではなく、嘆願時点の序列を反映させたものだ。

序列を決める物差し（基準）は、浪士組在籍時の役付・平士身分、古参・新参、志士としてのキャリア・知名度、出身身分、年齢などで、さらに芹沢・近藤一統の融和を図るためには、襷《たすき》掛け人事も意識する必要がある。それらの要素を考慮した上で、連署の記載順を決めたのだ。

上位四人は浪士組の役付であり、筆頭は芹沢鴨とされる。浪士組の江戸出立の頃から、彼のキャリアと声望が他を圧していたからであろう。近藤勇は次位である。

一方、下位三人の中で斎藤・佐伯は「新参者」、最下位の阿比留鋭三郎は「大病の者」だ。その間に挟まれた浪士組平士では、平山五郎と山南敬助が上位に置かれる。

序列は、書状に連署する順だけではない。たとえば会津藩邸訪問時は、その順番で席に座る。そのため、序列は「席次」ともいわれ、席を一つ上に進める「進席」が出世とされた。特に席次は一目瞭然だから、本人の名誉や面目が懸かる。

現代でも、組織と人事が決まらなければ、企業は動かない面がある。しかし、人事と処遇（ポスト）に関する不満は誰しもが抱く。会社員にとって最大の関心事は人事・処遇であり、それと同質の意識を、浪士は序列・役付に抱いたのである。

会津藩は、浪士十七人の残留を許す。「会津藩御預り」の連絡があったのは二日後の十二日の夜、浪士組の江戸帰還の前夜である。

近藤勇は江戸・多摩の関係者宛てに書状を認め、命を捨てる覚悟とともに「(天下の治安を乱す) 姦悪共斬戮《ざんりく》仕り、寸志《すんし》御奉公仕りたく……」と、過激派浪士殺戮の決意を表明する。

一方、鵜殿鳩翁が率いる浪士組は翌十三日に京都から江戸に戻る。

近藤門人で、浪士組三番・新見錦組に属した佐藤房次郎、中村太吉郎、馬場兵助、沖田林太郎の四人もそれに同行する。元々、長期滞在を考えていなかったこともあるが、戻る四人は家族持ちか、跡取りか、生業を持つ者だ。

言い換えれば、残留した直門の「土方・総司・井上」は厄介の身で家族も生業もなく、しかも身内同然の者である。彼らは、「死生をともにする」と誓い合ったと思われる。

その頃には、千人同心井上松五郎も京都に到着していた。そこで、近藤勇、土方歳三、井上源三郎の三人は彼の宿を訪ねて、残留決定の祝杯を酌み交わす。なぜか総司は同席しなかったが、義兄との別れの日だったからかもしれない。

浪士組の江戸帰還後、四月に幕臣佐々木只三郎らが策士清河八郎を殺害する。このようにして清河派が一掃されると、浪士組は出羽国庄内藩御預り「新徴組」となり、以降は江戸市中見廻りに従事する。

〈新徴組＝関東浪士、新選組＝京師浪士〉と記す記録もある。

生活が懸かる沖田林太郎は、引き続き新徴組に勤めて四谷伝馬町に住居する。

また馬場兵助も新徴組に留まり、試衛館に同居する。近くの飯田町［千代田区飯田橋］に新徴組の屯所があったからだ。最後まで新徴組に属した両人は、慶応四年に戊辰戦争が起こると庄内へ赴く。

粛清と脱走

三月十五日になって、公式ルートの残留希望者が芹沢・近藤一統十七人に合流する。浪士組一番の「根岸、家里、殿内、清水、遠藤」と七番の「神代、鈴木」の七人で、合計二十四人が会津藩御預りとなったわけだ。

序列は、〈芹沢→新見→近藤→根岸〉と決まるが、芹沢・近藤一統と殿内・家里派とは反目し合ったようだ。

組織の主導権争いと序列を巡る確執である。

本来、正式に委嘱された公的ルートの残留者が上位のはずだが、私的ルートの後塵を拝したからだ。殿内・家里派が担いだ知名人の根岸友山にしても、序列四位に過ぎない。

二十五日、壬生を訪ねた会津藩士が、芹沢・近藤一統の浪士十七人と懇親の場を持つ。出席者リストが残っており、「白川　沖田宗司」といった風に書かれるが、殿内・家里派七人は同席せずに終わる。内部の亀裂は、相当深刻だった。

その夜、四条大橋で旅装姿の殿内義雄が殺害される。昌平坂学問研究所に二度入学したキャリアの持ち主だ。殿内義雄は京都を離れようとしたところを、無惨にも頭上を斬り割られ、袈裟《けさ》懸けにもされた。彼の刀は袋に入れられたままで、抜いた形跡はない。

後ろから闇討にされた、二人がかりだった、さらに下手人は、「(殿内は)かねて浪士の仲間からにらまれていたそうで、殺したのは仲間らしい」(意訳、『世話集聞記』)という噂も流れた。

実際、近藤勇も殿内暗殺を認めている。

「既に同志の内、失策など仕出かし候者は、速やかに天誅を加え候。去る頃、同志殿内義雄と申す仁、四月(三月)中、四条大橋上にて打ち果し候」

どういう失策かは不明だが、内部抗争が一気に暗殺までエスカレートしたのだ。手を下したのは、総司を含む近藤直門であろう。

近藤勇に批判的な「江戸学の祖」三田村鳶魚《えんぎょ》は、「(近藤は)前から斬ったのは一つもない。必ずうしろから斬っている」(『話に聞いた近藤勇』)とするが、殿内暗殺が噂どおり、背後からの闇討であれば、それを否定するのは難しい。

後述する九月の芹沢・平山暗殺事件にしても就寝中を斬殺したもので、近藤勇は目的のためには手段を選ばなかった。その冷酷な実践者が総司に他ならない。

まさに「それ剣術とは、敵を殺伐する事也」、これもまた総司の一面である。

剣聖と謳われた柳生新陰流の祖・柳生石舟斎宗厳《むねよし》が、奥義として伝えた和歌に「切り結ぶ刀の下ぞ地獄なれ　ただ切り込めよ神妙の剣」とある。

その跡を継いだ柳生但馬守宗矩《むねのり》は、『兵法家伝書』に次のように記す。

兵法の根本は表裏（謀略、偽り）だ。敵に勝つためには表裏が必要である。偽りによって、味方を損なわずに敵に勝てば、偽りは真実になる——。

それを知るや知らずや、敵対者の謀殺という形で、総司も「剣の地獄」への第一歩を踏み出したのである。

殿内暗殺に恐怖した根岸派の面々は、伊勢参りと称して慌ただしく壬生を去る。脱走である——。

根岸友山らは江戸に戻って新徴組に参加する。後年、恨み骨髄の根岸友山は、「芹沢、新見両人、この組中に在って、何事をも我儘《わがまま》に行い、威を振るいたる也」「（近藤は）思慮もなき痴人なり」（『自伝草稿』）と酷評する。

東帰した根岸派の中で、根岸の甥・清水吾一だけは最後まで新徴組に留まり、沖田林太郎らと同様に庄内へ行く。余談ながら、彼の兄が明治時代に「かな文字」の普及に尽力した貿易商清水和三郎である。

別途、粕谷新五郎も水戸に舞い戻る。このような相次ぐ脱走が、壬生浪士組が脱走禁止の「掟」を定める契機となったと思われる。

唯一残った家里次郎は、『近藤勇書状』に「(殿内暗殺後)また家里次郎と申す者、大坂において切腹いたし候」とあるとおり、一ヶ月後の四月二十一日、大坂出張中の近藤一統によって詰腹を切らされる。家里次郎が切腹をためらったので、誰かが介錯したようだ。

壬生浪士組の結成

残る浪士は十五人。芹沢一統六人と近藤一統九人である。

彼らが結成したのが、壬生浪士組だ。正式な名称がなかったので、「壬生(村)浪人、壬生浪士、壬生詰合浪士、京都壬生役浪士、精忠浪士」などとも称した。

身分は会津藩御預り、宿は壬生の八木邸に加えてすぐ傍の前川邸の二ヶ所となる。

少し相前後するが、三月十二日の会津藩御預りが決定した直後に、彼らは八木邸の門柱に看板(標札)を掲げた。

それを『壬生ばなし』は「松平肥後守御預　新選組宿」、『顚末記』は「壬生村浪士屯所」とするが、実際の目撃者は「松平肥後守御預　浪士宿」と記録する。仲間内では屯所と呼んだらしいが、なによりも重要なのは、身分と住居不定の浮浪（無宿者）ではないことの対外アピールである。隊名に「壬生」の地名が織り込まれるのも、そのためだ。

この標札を掛けると、「沖田総司だの、原田左之助なんかが、その前へ立って、がやがや云いながら、しみじみ眺めて喜んでいました」（『壬生ばなし』）。

身分と旅宿が定まった壬生浪士は、隊士募集を開始する。正確に書けば「組衆、組子、平士」だが、本書では一般的な隊士をメインに用いたい。

募集は、京都を芹沢一統、大坂を近藤一統と地区割りしたようで、人脈を辿って剣術道場などへ一衆単位の参加を呼び掛けた。

「（近藤一統は）大坂へ下り、八軒家京屋忠兵衛方を旅宿、文武師範の宅へ参り、同志相募る」（『報国記事』）

その結果、大坂で柔術道場を経営する松原忠司《ただじ》の一門、刀槍術道場を営む谷三兄弟の一門らが、加入することになる。槍術の谷万太郎は、原田左之助の師匠にあたる。

『壬生ばなし』によれば、壬生に来た頃の彼らの服装はみすぼらしく、刀を差していなければ、武士に見えない人もいたという。しかも貧乏で金に不自由していた。

現代風に記せば、壬生浪士は幕府が雇用した期間限定の使用人であり、その俸給は雇用主の幕府（江戸）から委託先の会津藩（京都）経由で支払われる。しかし、現代と異なり、雇用主と委託先の情報連携方法は手紙だけなので、相当な時間を要する。

そこで、当座の資金は差配する会津藩が三月下旬に支給し、その金で壬生浪士は揃いの一重《ひとえ》の着物を仕立てる。

とはいえ、隊士の数も増えて資金は不足気味だ。『顚末記』によれば、初夏にもかかわらず、彼らは上洛時の冬物を着ていたので、夏物を欲したとする。

四月二日に大坂に下った壬生浪士七人は、翌日、豪商平野屋［中央区今橋］を訪ねて、「尽忠報国のための兵（隊士）募集費、我々が国事を周旋する雑費」（意訳、『風窓紀聞』）という名目で百両を借りる。いわゆる金策である。

平野屋からは、何度か主人は留守だといわれたが、最後は七人で居座り、借用に漕ぎ着けたようだ。総司も居座った一人である。

借用にあたっては、「野口、永倉、沖田、土方」の四人が依頼し、それを京都壬生役浪士の「新見、近藤、芹沢」の三人が保証する形を採っており、そこに組織内の「格」を垣間見ることができる。

京都に戻った壬生浪士は、この金を使って大丸呉服店で夏用の麻の羽織、小倉の袴などを誂《あつら》える。羽織が有名な浅黄《あさぎ》色のダンダラ羽織であり、袴は武士の身分表示だ。

言い換えれば、外出時に袴をはかない者は、足軽以下の軽輩と見做される。元の身分はさまざまだが、今の彼らは会津藩御預り浪士、すなわち士分なので、それに相応しい服装を必要とした。

しかし、借金の件を知った会津藩は、芹沢鴨を呼んで返済させるとともに、幕府からの「浪士金」を支給したという。以降、浪士金は滞りなく払われ、『東西紀聞』によると、十月頃の壬生浪士の俸給は、一人当たり月額・金三両（年三十六両）。

下級武士の俸禄と比べれば厚遇だが、全員分の一括支給なので、幹部と平隊士との間で傾斜配分された可能性が高い。実際、慶応二年時点では、組頭以上の幹部は月額・金十両、それ以外は月額・金二両（『新選組金談一件』）と記録される。

武芸の披露試合

四月十五日、会津藩公用人から壬生浪士に呼び出し状が届く。

「新参の衆（新入隊士）も漏れなく」、藩主松平容保へお目通りすることになり、翌十六日、一同は黒谷の会津藩本陣・金戒《こんかい》光明寺［左京区］へ出向く。

無事に拝謁が終わると、松平容保から稽古の披露を所望される。

急な申し出だが、壬生浪士の腕前を発揮できる絶好の機会である。そのため、剣術、棒術、柔術の六試合が開催される。組み合わせは次のとおりで、総司も出場した。

①剣術　土方歳三×藤堂平助　②剣術　永倉新八×斎藤一　③剣術　平山五郎×佐伯又三郎　④剣術　山南敬助×沖田総司　⑤棒術　川島勝司　⑥柔術　佐々木愛次郎×佐々木内蔵丞《くらのすけ》

剣術四試合の内、①、②、④が近藤一統であり、この組み合わせに近藤勇の「格付け」を見出すことができる。

①の二人は自称浪人同士で、土方歳三は天然理心流の目録。②は腕達者な食客同士。そして④は、試衛館直門同士の試合である。山南敬助も、免許皆伝の総司に引けをとらぬ腕だったのだ。

近藤勇は、「修業はよくよく致し置きたく事に御座候」（十一月二十九日付書状）と記すように、修業を大層重視した。貴人の前で、日頃の成果を存分に披露できる――。

そして「何一つ抜け目はない」（「旭形亀太郎談」）と形容される近藤勇は、日頃の成果の「見せ方と順番」に意を注いだのだ。そのため、「文武とも劣等の人」（『芳助書翰』）とされる井上源三郎を外し、直門きっての剣客（撃剣家）である総司を真打に起用する。

序列上位の芹沢一統が、③神道無念流の一試合だったのと比べれば、近藤一統のアピール度はかなり目立ったはずだ。

剣術が終わると、京坂地区で応募した新入隊士三人が、棒術と柔術を披露する。ともに浮浪（不審者、狼藉人）を召し捕る際の捕縛術である。

捕物の基本形は、まず棒で容疑者の足を払って転倒させ、次に柔術で組伏せる。剣術による殺傷は、あくまでも抵抗が激しい場合の非常手段だ。


試合後、面目を施した一同は、松平容保から御酒を頂戴し、夕刻に壬生へ戻る。

だが、喜びにひたることなく、その足で土方歳三と総司は、上洛中の井上松五郎の宿を訪ねる。『文久三年御上洛御供旅記録』（以下『松五郎日記』）によると、彼は留守だったので、二人は置き手紙を残す。

翌十七日の早朝、手紙を見た井上松五郎は壬生を訪れ、茶屋で「井上（源三郎）、土方、沖田、山南、斎藤の者に逢う。色々内談いたし」、酒宴を催した。実弟の井上源三郎を除けば、試合の出場者ばかり。

「近藤、天狗になり候て、他浪士、門人一同集まり、近藤に腹を立て、下拙（松五郎）方へ談ず事」（『松五郎日記』）

これが、彼らの相談内容である。

武芸披露試合の成功によって、近藤勇は天狗のように「鼻高々」になった。つまり増長、慢心してしまい、その態度に芹沢一統や近藤門人が立腹している――。

それを井上松五郎に相談したのは、彼から近藤勇を諌めてほしい、と考えたからだ。

現代風に書くと、近藤勇の演出によって、一試合だけの芹沢一統は見せ場なく終わったので怒る。近藤四天王の中で、一人だけ出場できなかった井上源三郎は面目を失う。それを試衛館の仲間は気遣う……。

近藤ワンマンショーに、壬生浪士全員の批判が集中したのも無理はない。これは、総司ら直門が近藤勇に反発した唯一のケースである。

三日後（二十日）にも土方歳三と井上源三郎は、井上松五郎と内談しているが、内容は伝わっていない。

二十一日、将軍家茂は大坂へ向かう。

当時、開国通商を求める諸外国は、江戸前［東京湾］ばかりでなく、摂海［大阪湾］へも押し寄せる可能性があった。というのも、政治の最終決定権は幕府ではなく、朝廷にあることに諸外国が気付いたからだ。

攘夷とは「外敵を追い払うこと」であり、それに向けて朝廷は、幕府に摂海警備を命じた。将軍の大坂下向は、台場の建設などの警備を視察するためだ。

将軍警衛を待ち望んでいた壬生浪士組二十人も、御供の一員として下坂する。その様子を目撃した会津藩士は、「浪士は一様の外套《がいとう》を着て、地につくような長刀を帯び、大きな髪で列をなして行く。逢う者は皆その姿を畏《おそ》れた」（意訳、『鞅掌録《おうしょうろく》』）と記す。異様に映る集団の中に、総司の姿もある。

文中の「一様の外套」が、誂えたばかりのダンダラ羽織だ。羽織がなければ、御供に連なることができない。そういう切実な思いも、平野屋での金策にはあった。

壬生浪士組は、大坂八軒家［中央区天神橋京町］の定宿・京屋に宿泊する。

翌二十二日、やはり御供で下坂した井上松五郎が、京屋を訪ねる。そこから土方・総司・源三郎と松五郎は、揃って盛り場の道頓堀に出掛け、近くの新町［西区新町］の妓楼・吉田屋に登楼し、「座敷見、天神を買う」（『松五郎日記』）。

妓楼とは、遊女を抱える遊郭のことだ。遊女には松竹梅の格があって、〈太夫《たいう》―天神―端女郎《はし》〉と呼ばれた。江戸吉原の花魁《おいらん》に相当するのが太夫で、天神はその次のクラス。

武芸披露から六日目のことであり、近藤勇へ不満を抱く三人に対する松五郎流の解消策だったのかもしれない。

吉田屋では芹沢鴨が遊興したとされ、近藤勇は同じ新町の妓楼から深雪《みゆき》太夫を身請けする。多くの妾を抱えた近藤勇は、「女の好くこと、この上もない」（「旭形亀太郎談」）といわれるほどだ。土方歳三もまた、新町の若鶴太夫らの遊女と馴染んだ様子を小島鹿之助宛

て に書き送っている。

それに対して、総司の登楼はこの話だけで、「酒は飲んだようですが、女遊びなどはしなかったようです」（『壬生ばなし』）と、あまり妓楼には馴染めないタイプだったようだ。

なお近藤一統が、大坂で家里次郎に詰腹を切らせたのは二十四日のこと。また、武芸披露時に見せた近藤勇の増長癖は、その後も散見され、組織の不協和音の一因となる。

組織と掟

結成当初の壬生浪士組は、三隊長制を敷いた。序列上位の芹沢鴨、新見錦、近藤勇の三人である。

中でも芹沢鴨は巨魁隊長（大隊長）とも記録され、一頭地抜けた存在だった。それを裏付けるように、壬生浪士組を「芹沢組」とする風説書も見られる。

しかし、四月半ば以降に新見錦は副長に降り、『報国記事』によれば次の役付が定まる。

隊長芹沢鴨・近藤勇＊、副長新見錦・山南敬助＊・土方歳三＊、組頭沖田総司＊・永倉新八＊・藤堂平助＊・原田左之助＊・斎藤一＊・平山五郎・野口健司・井上源三郎＊、勘定方・平間重助（＊は近藤一統）

役付には結成者の十四人が就き、内訳は隊長二人、副長三人、組頭八人、勘定方一人。隊長・副長は序列順だが、組頭は順不同で書かれている。

総司が就いた組頭は、副長助勤ともいう。組頭は数人の平隊士（平士、組子）を引率して、将軍警衛、京都市中の見廻りに従事する。

将軍警衛の際は戦時態勢を、見廻りの際は平時態勢を敷き、〈戦時＝組頭、平時＝副長助勤〉と使い分けたが、次第にその区分は曖昧になっていく。

わかりやすく現代の警察でたとえてみよう。

日常の警官は交番に立ち、町をパトロールする。ところが、いざ戦争が起こると、軍隊組織である警察隊の一員となって戦地に赴く。そういうイメージだ。

組頭単位の小組織を「番」といい、「番を分けて諸坊（町々）を巡察し」（『両雄士伝』）とあるように、交代制なのが特徴といえる。当番と非番という区分である。

元々、幕府には、武官である「大番、書院番」といった将軍の親衛隊があり、各々の番は〈番頭—番士〉で構成される。

泰平の世に慣れた幕府の武官が軟弱だったので、初の浪士集団「浪士組」が募集されたわけだが、それはさておき、浪士組も幕府機構に倣《なら》い、七番編成を敷いて各番に複数の小頭（組頭）を置いて、番の構成を〈小頭―平士〉とした。

現時点の壬生浪士組はまだ少人数だが、組織編成そのものは浪士組を踏襲したのだ。したがって、各番は〈組頭―平士〉となる。

違いは、幕府主導型の浪士組に対して、「同志」の集団である壬生浪士組は結成人を役付として処遇した点にある。そのため、人数の割に役付の数が多い構成となっている。

もう一つ重要なのは、壬生浪士組は当初から〈組頭八人＋勘定方一人〉としたことだ。勘定方の平間重助は、職務は異なるものの組頭八人と同格である。以降、この編成は継続され、新選組においては〈八番＋小荷駄《こにだ》〉となる。

よりわかりやすく書くと、組頭の人数は合計九人で、組織は〈八ライン＋一スタッフ〉の合計九小隊制を敷いたことになる。

ちなみに小荷駄とは、戦時態勢に突入したときに勘定方などが移行する職制で、武器や食糧の輸送を担当する。近代陸軍では、輜重《しちょう》と呼ばれる軍需用の後方部隊である。

組頭の中で、行軍の先頭に立つのが、「一番組頭」を勤める総司だ。なお、「新選組には十人の組長がいた」とよく書かれるが、それは誤り。正しくは「八人の組頭と同格の小荷駄方がいた」となる。

隊士募集の結果、壬生浪士組の隊士数は、〈三月：十七人↓五月：三十五人↓六月：五

組織図①　文久３年（1863）４月

隊長　芹沢鴨、近藤勇＊

副長　新見錦、山南敬助＊、土方歳三＊

勘定方　平間重助

組頭　沖田総司＊、永倉新八＊、藤堂平助＊、原田左之助＊、斎藤一＊、平山五郎、野口健司、井上源三郎＊

（＊近藤一統）

十二人〉と膨らんでいく。

そのため、六月までにまず平時の「掟」が制定される。戦時の掟である軍中法度の制定は、翌元治元年（一八六四）十一月のことだ。

平時の掟としては、『新選組始末記』に載る「局中法度」がよく知られる。

「①士道に背くまじき事、②局を脱するを許さず、③勝手に金策致すべからず、④勝手に訴訟取り扱うべからず、⑤私の闘争を許さず」

右の五箇条に違反した者は、「切腹申し付くべき候なり」。

新選組を彩るこの「死の掟、鉄の規律」は、『顛末記』に載る禁令四箇条（⑤を除く）を参考にしたもので、同時代史料などには見当たらない。文章自体も現代風である。

確実に存在したのは、②の掟「局を脱するを許さず」だけで、「定《さだめ》」として次のように記録される。

いったん組入りいたしものは、破談相成らず。絶えて離れ候わば、仲間より切害（殺害）いたし候定めの由《よし》。（文久三年六月、『彗星夢雑誌《ぞうし》』）

壬生浪士掟は、出奔せし者は見付け次第、同志にて討ち果たし申すべく、との定めの趣《おもむき》。（『元治秘録』）

いったん加盟したら、脱隊は認めない。脱走者は殺害する――。

この掟は、三月下旬の根岸派の脱走時に決められ、犠牲者第一号が殿内義雄だった可能性が高い。

そして「脱走禁止の掟」の前提には、加入時点で「同志と死生をともにする」という誓いがあった、と私は考える。右の風説書は、「組入り（加入）時の誓約は破談にできない」という意味であろう。

たとえば、後に新選組から分離した御陵衛士の一人・阿部十郎は、明治後年になって「（近藤と）死をともにするといったん誓った」（『史談会速記録』）と語る。

他にも、「（近藤は）土方義豊（歳三）と誓いて倶に身を以《も》って幕府に致し、死生これを以《も》ってせん」（『両雄士伝』）、「（上洛後、近藤芳助は）組中の様子を視《み》て、解約せんとするも不許。結局、死さざれば、脱隊するを得ず」（『芳助書翰』）といった記録がある。

永倉新八も、「近藤と永倉」（『壬生ばなし』）と「永倉と原田」（『顛末記』）は死生を誓った仲とする。

従来の藩では藩主への忠誠が絶対である。しかし、同志集団の壬生浪士組では、加入隊士に「死生をともにする」という契約を結んで、その遵守を誓約させた。それに違反したときの罰則規定が、〈脱走＝死〉と捉えるべきだと思う。

道場の建設

近藤勇は、上洛後も剣術の稽古には非常に熱心だった。彼の気構えは、後日の書状に「白刃の戦は、竹刀の稽古とは格別の違いもこれなく候」とあるとおりだ。

稽古は実戦に直結する——。

話は少し遡るが、近藤勇は、三月二十六日付の江戸・多摩関係者宛ての書状で、近藤・土方・井上・山南・総司・永倉の剣術道具や竹刀などを、京都へ送るように依頼する。

この六人が試衛館で汗を流した証拠だが、近藤勇は「浪士文武場を建てるので、早々にお送りください」（意訳）と続ける。この道場のことを、十月二十日付の書状では「文武館」と表現している。

剣術道具の送付依頼は、京都滞在が長引くと考えたからだろうが、十一月二十九日付の『近藤勇書状』では、「拙士（私）儀も白刃を凌ぎ、功なり名（を）遂げ候上は必々その家（試衛館）へ帰り、撃剣職相勤めたく候」と、江戸での撃剣師匠復帰も念頭に置いている。なお近藤勇は、試衛館のことを「撃剣稽古場」と表記する。

四月早々のことであろう。

とりあえず近藤勇は、屯所の一つである前川邸の表長屋を改装して、道場に仕立てあげ、そこで新入隊士の腕も見定める。そうでなければ、十六日の武芸披露試合で、即座に出場者をピックアップできなかったはずだ。

「稽古は物凄い位烈《はげ》しいもので、打ち倒れてそのまま動けなくなっている人などを、よく見ました。芹沢や近藤だのは、高いところに坐って見ていました」（『壬生ばなし』）

しかし、この仮道場は手狭なので、六月にかけて、文武館は八木邸の母屋と離れ座敷の間に建築される。『壬生ばなし』では、大きくて立派な道場だったとするが、屯所を西本願寺に移す際に取り壊して運んだという。

文武館の頃の総司の有名なエピソードが、『壬生ばなし』に載る八木為三郎の子供時代の思い出話である。

近藤勇は、沖田のことを「総司、総司」と呼んでいたという。

その総司が、八木邸の近所の子守や為三郎らの子供を相手に、鬼ごっこや壬生寺の境内を駆け廻って遊んでいた。

そこへ井上源三郎がやって来ると、総司は「『井上さんまた稽古ですか』という。井上は『そう知っているなら、黙っていてもやって来たら、よかりそうなもんだ』と、忌《い》やそうな顔をしたものです。井上は……ひどく無口な、それで非常に人の好い人でした」。

総司の性格は気が短い。稽古の教え方は荒っぽい。鋭い突きが得意で反射神経に優れる。近藤勇の指令であれば、非情な暗殺剣も振るう。

その一方で、冗談ばかり言って真面目になっているときがない。そして子供好き——。

このようなコントラストも、総司の魅力なのだろう。

それと、総司はあまり稽古熱心ではなかったようだ。むしろ、「いつ行って見ても胴をつけて、汗を流していたのは土方歳三」（『壬生ばなし』）だったという。

大坂相撲との乱闘

五月上旬、壬生浪士組は二ヶ月弱の大坂滞在を終えて京都に戻る。

二十五日には「壬生浪士」として三十五人が連署して、幕府と京都守護職宛てに「鎖港の上書」を提出する。鎖港は攘夷の一環であり、総司も署名する。やはり摂海の警備を実見したことで、大いに刺激を受けたのだろう。

六月早々、芹沢鴨・近藤勇以下十人は、再び大坂へ下る。総司もその一員である。

前回の出張は将軍警衛だったが、今回は個別事案。「大坂で偽浪人が横行し、市中が動揺している。刀を抜く浪人もいる」という知らせが、壬生に届いたからだ。

壬生浪士は、早速、三日に不逞浪士二人を検挙して奉行所へ引き渡す。新暦では七月十八日、暑い盛りである。

当日の夕方四時頃、近藤勇と井上源三郎を除く八人は、定宿の京屋で小舟を借りて淀川へ夕涼みに出る。芹沢鴨、山南敬助、総司、永倉新八、平山五郎、斎藤一、野口健司、島田魁《かい》と、錚々たるメンバーだ。

一行は脇差のみ、稽古着に袴を履いただけ、といった軽装で舟に乗り込む。

『顛末記』などによれば、舟が鍋島河岸に差し掛かったとき、斎藤一が腹痛を催す。そのため、舟から陸に上がった芹沢一行は、斎藤一を休ませようと、北新地［北区曽根崎新地］の茶屋・住吉楼を目指す。

水運の発達する大坂は「八百八橋」といわれ、橋の多い町だ。芹沢一行が橋を渡ろうとすると、相撲取りが通行の邪魔をする。次の橋でも別の相撲取りが、無礼な振る舞いをする。

怒った一行は相撲取りを引き倒し、馬乗りになった芹沢鴨は、「武士に向かっておなじ無礼をやるとは言語道断」といいつつも、相撲取りを解放する。

近くで相撲興行をやっており、小野川秀五郎部屋の力士だったという話もあるが、トラブルの原因は壬生浪士の軽装にある。脇差一本や稽古着姿を見た相撲取りは、彼らを足軽以下の軽輩と見做して、侮《あなど》ったのだ。

永倉新八が、「稽古着姿であったので、あるいは武士と気がつかなかったかもしれない」（『顛末記』）と記すとおりである。通常、武士が稽古着で出掛けることはない。外出時は、羽織・袴姿で両刀を帯びる。

前に厄介（次男以下）について述べたが、たとえば農家に生れた厄介の身の振り方は、長兄の小作人になるか、他家の養子に入るか、商家に奉公して独立するか、といったケースが多い。その他では、武家奉公人になる、浮浪や博徒になる、剣術で身を立てる、さらに力自慢で相撲取りになる者も大勢いた。

相撲取りは実力の世界。三度の食事に事欠かず、強ければ大名御抱え力士にまで出世できたので、その威光を笠に着る者もいる。今でいえば、有力なスポンサーが付くと豪勢な暮らしができて、しかも威張れる。相撲取りが一行を侮った背景にはそれがある。

その晩、住吉楼に着いた芹沢一行が斎藤一を介抱していると、樫材の八角棒を持った相撲取り数十人が押し寄せてくる。仇討のためだ。

表に出た芹沢鴨が「無礼を致すにおいては、容赦なく斬り捨てる」(『報国記事』)というやいなや、相撲取りが棒で打ち掛かる。そこで抜刀した壬生浪士一同が応戦すると、相撲取りは総崩れになって逃げ出す。

このときの総司を、『新撰組始末記』(西村兼文)は「沖田総司、永倉新八の両士は一人の角力取《すもうとり》を切り殺し、二人に手(怪我)を負わせる」と記述するが、永倉新八は次のように描く。

沖田は片鬢《かたびん》を打たれて血の滲むをこととをもせず、刀を風車のように振り廻して敵を悩ましている。(『顚末記』)

鬢とは、頭の側面の髪。そこを総司は八角棒で打たれたのだが、力士を斬ったか、どうかはわからない。

芹沢鴨、山南敬助、永倉新八が、それぞれ力士を一人ずつ斬ったという話が伝わるが、その中で間違いなく斬ったのは山南敬助で、「山南は（相撲取りが）逃ぐるを追うて、背割に斬り倒した」（『顚末記』）と記される。これも背後からのケースだ。

かくして乱闘は壬生浪士の圧勝に終わり、永倉新八は、「力士の死者五人、手負い（怪我）十七〜十八人」と記す。

だが、現場に居合わせなかった近藤勇の事後報告によると、「関取一人死亡、瀕死者三人、手負い十四人」で、壬生浪士は「一同無事御座候」。

翌日、壬生浪士組は芹沢・近藤の連名で、事件を大坂東町奉行所へ届け出る。

その際、夕涼みを「水稽古（水練）」、茶屋を「会所」とするなど、公務中の出来事と装い、水稽古なので稽古着・脇差姿だったと記している。現代でもありそうなすり替え話だ。

結局、大坂相撲側が「会津藩御預り　壬生浪士」に無礼を働いたことを詫び、五十両を出したので和解が成立する。

総司の序列

大坂での乱闘の三日後、六月六日に壬生浪士は、会津藩主松平容保に「西洋文化の廃止」の建白書を提出する。

攘夷の一環として、地理、医術、砲術などの西洋文化を排除しようと考えたのだ。総司にはさほど思想性が感じられないが、この頃の壬生浪士は攘夷一辺倒である。

その建白書に添付された五十人の名簿は序列順であり、本書に関係する者だけを抜き出してみよう。

近藤勇、山南敬助、土方歳三、沖田総司、野口健司＊、永倉新八、井上源三郎、平間重助＊、藤堂平助、原田左之助、斎藤一、佐々木愛次郎、川島勝司、…、松原忠司、…、島田魁、松永主計、田中伊織（新見錦）＊、奥沢栄助、楠小十郎、…、阿部慎蔵（十郎）、…、尾関雅次郎、尾形俊太郎、…、御倉伊勢武、…、柳田三次郎、…、越後三郎、…、河合者三郎、荒木田左馬之介、…、佐伯又三郎＊（＊は芹沢一統）

この名簿は芹沢鴨と平山五郎の名を欠くが、両人は建白書に浪士総代として署名したと考えられ、実際の総数は五十二人となる。

わかりやすく書けば、この時点の序列は〈①芹沢→②平山→③近藤〉となり、一時的かもしれないが、序列を一つ下げた近藤勇は、隊長から副長に降格した可能性がある。

その原因は、芹沢一統内に地殻変動が起こったからだ。

壬生浪士組結成人の一人でありながら、乱暴が甚だしい元副長の新見錦（田中伊織と改称）と佐伯又三郎に対して、芹沢鴨は降格処分を下し、序列を大幅に下げた。他の隊士への示しがつかないからだ。特に佐伯又三郎は最下位にまで落とされたが、それでも遊女屋で暴れるので、八月十日に芹沢一統によって斬殺される。

結果、元々人数が少ない芹沢一統はさらに手薄になり、役付数で近藤一統とのバランスが崩れてしまう。そのため、芹沢鴨は昵懇《じっこん》の平山五郎を抜擢したのであろう。土方歳三にしても、義兄弟である近藤勇の引き立てで序列を上げ、副長に就いたのだから、ありえない話ではない。

この序列問題が、芹沢・平山暗殺事件の引き金になったと思われる。

組頭以上の者をグループ別で序列順に示すと、芹沢一統四人は〈芹沢→平山→野口→平間〉、一方の近藤一統九人は〈①近藤→②山南→③土方→④沖田→⑤永倉→⑥井上→⑦藤堂→⑧原田→⑨斎藤〉となる。

実は、この文久三年六月時点で近藤一統内の序列が定まる。

彼らが組織の主導権を握り、新選組となってからも上位六人（①〜⑥）は不動である。変わるのは、食客（⑦〜⑨）の間だけだ。近藤一統九人を仕分けすると、次のとおり。
○直門組　①近藤、②山南、③土方、④沖田、⑥井上
○食客組　⑤永倉、⑦藤堂、⑧原田、⑨斎藤

明らかに「直門優遇、食客冷遇」の構図である。「譜代、外様」と表現してもいい。食客組筆頭の永倉新八は、松前藩上士の家柄で神道無念流の免許皆伝。総司よりも三歳年長だ。その彼ですら総司よりも下位に置かれたのだから、食客組に不満が燻《くす》ぶるのも無理はない。一枚岩と思われがちな近藤一統でも、このように大きな問題を内包していたのである。

総司は近藤一統内で序列四位。新選組になっても、それがスライドする。

八月十八日の政変

大坂相撲との和解後、八月十二日に壬生で壬生浪士組への礼相撲興行が開催される。

その夜、隊士三十六人を引き連れた芹沢鴨は、京都の生糸商・大和屋の土蔵を焼き打ち

にする。この頃、五十人強の隊士の七割を掌握していた芹沢鴨は、隊士に放火もしくは発砲を命じたという。

大和屋は強欲な奸商で、壬生浪士組からの金子借用申し出を謝絶した——。それが襲撃理由とされる。

この事件を、会津藩は暴挙と見做した。大和屋は御所より約一キロの場所にあり、そこでの放火騒ぎだったからだ。

永倉新八によると、近藤勇を呼び出した会津藩公用人は、「朝廷から乱暴者の芹沢鴨を召し捕れ」という沙汰（命令）があった旨を伝える。それを近藤勇が役付に相談すると、組の創設者を召し捕るわけにもいかず、「一間住居謹慎」（『報国記事』）という意見が出る。

また、『新撰組始末記』（西村兼文）は次のように記す。

「会津侯、斯《し》かる乱暴を憤り、近藤勇、三南（山南）敬助、土方歳三、沖田総司、原田左之助の五人を呼び出し、その処置を命ず」

会津藩が指示を出したのは、近藤単独か、それとも近藤一統なのか。

私は、近藤一統の直門ではないかと思う。というのも、永倉新八は同流派の芹沢鴨と親しかったので、勇を含む直門は意識的に情報を伏せた可能性があるからだ。

実際、芹沢暗殺時に近藤勇は、襲撃メンバーから永倉新八を外した。永倉新八は、明治以降になって、初めて襲撃犯の正体を知ったほどである。

次に会津藩の命じた「処置」については、あくまでも召し捕りであって、殺害までを指示したとは思えない。政治的な清河暗殺のケースとは、次元が違うからだ。

大和屋事件から約一週間後、八月十八日に京都を揺るがす政変が起きる。

朝廷と幕府の融和を目指す公武合体派（会津藩、薩摩藩）が、終始、政局をリードする尊攘急進派（長州藩、一部公家）を京都から追放したのだ。クーデターである。

そのとき、壬生浪士五十二人も御所に出動する。

袖口に山形のマークが付いた浅黄色の羽織を着用し、芹沢鴨と近藤勇は甲冑姿だったという。合い印として、会津藩が黄色の襷《たすき》を渡すと、一同は大いに喜び、襷を掛けて「存分に働き致し、真っ先駆けて討死仕るべしとて勇みおりし由《よし》」（『騒擾日記』）。

ようやく手柄を上げるチャンスが到来したのだ。壬生浪士が張りきるのも当然である。

もちろん総司もその一人だが、結局、戦闘に遭遇することなく終わる。

当日、隊士島田魁は、御所の門を守った壬生浪士組に対して、「伝奏（朝廷）より新選組の隊名を下さる」（『島田魁日記』）と記すが、壬生浪士組が新選組を称するのは、もう少し先の話。隊名を授けたのも会津藩である。

元々、新選組とは会津藩の軍組織の一隊名であり、「新撰組　三十人　諸芸秀俊の子弟」（『志ぐれ草紙』）とされる。

藩士の場合、藩主に出仕するのは当主だけであり、その子弟は「厄介」の立場となる。その厄介の中から、武芸に優れた者を選抜して編成したという意味だ。厄介を浪士と置き換えれば、これほど壬生浪士組に相応しい隊名はない。

政変後の二十一日、壬生浪士組は正式に市中見廻りの任務に就く。

米沢藩士の手紙によれば、壬生浪士は町々を見廻り、「人別改めありて、無宿の者を召し捕え候由」。

浮浪（尊攘派不逞浪士、不審者）をチェックして、捕縛した者から犯行や陰謀などの自白を引き出すのが目的であり、初めから殺傷を意図したわけではない。その意味では、町奉行所の〈与力―同心―小者〉の捕物と変わらない。

大きな違いは、壬生浪士が刀槍を持ったことだ。

違和感を覚えるかもしれないが、町奉行所の小者（武家奉公人）は六尺棒、刺股《さすまた》を手にするだけで、与力が持ったのも刃引きした刀である。刺股とは、先端に召し捕り用の金具が付いた棒。また刃引きすると、刀は斬れない。

要するにすべてが非殺傷性の捕具で、抜刀はありえない。そういう時代感覚である。

ところが、壬生浪士は白刃をかざし、抜き身の槍を携えた。現代の警官が、拳銃片手でパトロールするようなものだ。まるで恐怖感が違う。だからこそ、京都の市民は壬生浪士を恐れたのである。

翌日、壬生浪士組は尊攘急進派浪士・平野国臣《くにおみ》の潜伏場所を襲う。平野国臣は外出中だったが、「壬生浪人数十輩、抜刀にて裏表より押し入り、門戸を打ち破り、家上瓦をめくり」と書状で記すように、壬生浪士組は徹底的な捕物活動を展開した。

抵抗すれば、斬る。その決意を抜刀が表す。

芹沢鴨の自滅

水戸学の思想は、尊王敬幕である。水戸藩は徳川御三家ではあるものの、尊王の志が極めて厚い。その洗礼を受けた芹沢一統は、当初より佐幕（幕府支持）で固まる近藤一統とは相容れない面があった。

短気、乱暴、我儘と伝えられる芹沢鴨だが、永倉新八は彼を「有為の人物」「死亡は国家的な損害」（『顚末記』）と高く評価した。志士の典型だったのだろう。

良く言えば俠気豪胆、悪く言えば無頼狂暴――。

それに輪をかけた一匹狼の乱暴者が新見錦である。

「この仁（人）、法令を犯し、殊に乱暴甚だしく、芹沢、近藤説得いたすといえども、更に聞き入れず、ついに切腹いたさせる一同の論」（『報国記事』）

実は新見錦は、四月の平野屋での金策後は名簿などに登場せず、九月の切腹が永倉新八によって伝えられるばかり。

それも『報国記事』では、乱暴を重ねる新見錦は、水戸浪士吉成《よしなり》常次郎の京都の下宿で切腹させられた。また『顚末記』では、近藤一統が京都祇園の貸座敷で詰腹を切らせたとする。理由は商家への金策である。

同じ永倉新八の著作でも、まるで内容が異なるのだ。まさに謎の人物である。

『新撰組始末記』で結成者の一人とされる田中伊織は、新見錦と入れ替わるように名簿に現れ、九月十三日の死亡が壬生墓地の七人連刻碑（墓）で確認できる。そこで、田中伊織が新見錦の変名ではないか、という説が登場した。

「（九月二十三日）田中伊織は、近藤の意に応ぜざる事のあるを悪み闇殺（暗殺）す」（『新撰組始末記』）という記事も、近藤一統による殺害や時期も、『顚末記』の記述と概ね合うので、〈新見＝田中〉の証左とされた。状況証拠といえばそれまでだが、私も名簿の変遷などからして、〈新見＝田中〉と考える一人である。

ところが、最近になって新見錦は「水戸浪人・新家粂太郎ではないか」という説が浮上してきた。新家粂太郎とは、水戸天狗党（玉造勢）で芹沢鴨の同志だった人物だ。

本書は沖田総司の伝記であり、詳しい内容に触れる紙幅がないので、平成二十七年（二〇一五）二月十九日の京都新聞の報道記事をダイジェストしよう。

文久三年五月頃に新見錦こと新家粂太郎は、同じ水戸浪士吉成勇太郎（常次郎の兄）に引き取られた後、六月に勅使に随行して長州へ下向するが、九月に現在の山口県防府市で酒の暴飲を理由に自決させられた――。

この〈新見＝新家〉説を補強するのが、「（新家は）壬生浪人も手に余し候を私共救い取り候」という『吉成勇太郎書状』の一節である。

「壬生浪人も手に余し候」は、信頼度の高い『報国記事』の内容と合致する。ちなみに、芹沢鴨が暗殺された後、壬生浪士組を脱した阿部十郎も「（阿部は）吉成勇太郎の許にいた（匿われた）」と証言している。

このように〈新見＝新家〉説は説得力があるのだが、最大の問題は死亡地だ。

永倉新八は二つの著作で場所こそ違うが、新見錦は京都で切腹したとする。一方の新家粂太郎は長州。

同志永倉新八が京都死亡とする以上、本書は〈新見＝田中〉説に基づいて叙述するが、この点をクリアできれば、〈新見＝新家〉説は、特に水戸との関係が不透明な「壬生浪士組の歴史」を塗り替える可能性があると思う。

ここで、政局に目を転じよう。

今では横浜開港は当然のように受け止められるが、幕末では攘夷の象徴として、横浜鎖港が叫ばれ、責任は諸外国に通商を認めて開港した幕府にあるとされた。

その横浜鎖港問題が進展しないため、朝廷は督促の勅使として有栖川宮、公家大原重徳を江戸に派遣することを決める。攘夷を熱望する孝明天皇は、信頼する会津藩主松平容保にその随従を命じる。

同じ公武合体派・佐幕派といっても、公家・武家間のみならず、江戸の幕閣と京都守護職との間にも温度差があり、かならずしも一枚岩ではない。

勅使派遣は最終的に中止されるが、その計画段階で、永倉新八は「壬生浪士組は、大原重徳の警衛を仰せ付せつけられた」と記す。

『報国記事』によると、もし鎖港が実現しなければ、朝廷は将軍職を召し上げて、徳川家茂を朝敵と見做すという決意だった。そのため、小田原まで大原重徳を警衛した後、壬生浪士組は横浜へ向かって鎖港を実現し、攘夷の魁となる。そうすれば、将軍の朝敵問題は回避できる――。

臆測ではあるが、鎖港実現と勅使（有栖川宮・大原）警衛を主張したのが芹沢鴨、将軍への忠誠と松平容保随行を唱えたのが近藤勇だったのではなかろうか？

芹沢鴨の考えは清河八郎と同様であり、将軍警衛の職務を放棄することになりかねない。それに難色を示す近藤勇は、松平容保随行であれば、問題を止揚できると考える。壬生浪士組の身分は会津藩御預りだからだ。

事態は、芹沢鴨がリードする形で進む。九月十三日、新見錦切腹の当日。芹沢鴨以下十五人の壬生浪士が、有栖川宮邸に参上する。

そこで芹沢鴨は、単独の署名で「御警衛　御用の儀御座候て何事に限らず、仰せ付けられたく願い奉り候」として、壬生浪士五十五人の名簿（『新選組を探る』所収）を、直接提出する。一緒に出向いたのは、土方歳三、総司、平山五郎、井上源三郎、平間重助、原田左之助らである。

名簿は正しくは「みょうぶ」と読み、それを提出することは、貴人に対する臣従の証《あかし》となる。攘夷そのものは壬生浪士組の総意としても、芹沢鴨は独断で「会津藩御預り」を放棄したと捉えられても仕方がない。皇族の有栖川宮警衛と、大原重徳警衛や松平容保随行とではまるで次元が違う。

前に会津藩の芹沢処置（召し捕り）について述べたが、もし処置が暗殺ならば、このタイミングであろう。身分を無視して正規のステップを踏まない芹沢鴨は、「第二の清河八郎」だからだ。単に「芹沢は乱暴だから殺せ」という話ではないと思う。

近藤一統にしても、壬生浪士組は芹沢鴨に完全に牛耳られ、その片腕の平山五郎の台頭にも強い脅威を覚えたはずだ。明らかに劣勢である。組織の主導権を握るためには、この機会に芹沢一統を抹殺するしかない――。

「何故これ（芹沢）を暗殺したと申しまするというと、芹沢がおりまするると、己《おのれ》（近藤）の地位を占めることができませぬ」（『阿部十郎談話』、『史談会速記録』所収）

芹沢・平山暗殺事件

九月十六日、近藤一統は芹沢・平山暗殺を決行する。新暦では十月二十八日、晩秋の雨がそぼ降る夜のことだ。

当日の夕方、壬生浪士組は島原の角屋で「総会いたし、国事議論終わって大愉快」（『報国記事』）、舞妓などを揚げての大宴会となる。

総会は、「八月十八日の政変」出動の慰労会といわれる。しかし、国事議論とある以上は、三日前に提出した有栖川宮警衛の件を、芹沢鴨が報告する場だったのではなかろうか？

喫緊にして最大の課題であり、尊王攘夷の志士芹沢鴨は得意絶頂にある。

午後六時頃、宴会を中座した芹沢鴨は、平山五郎、平間重助とともに壬生へ帰る。土方歳三と総司も同行する。すべて有栖川宮邸に参上した者だ。

芹沢一統三人と土方歳三は、八木邸の本宅で酒を飲み直す。総司は同席しなかったようだ、そこに芹沢の愛妾・梅、平山の馴染み・吉栄（桔梗屋の遊女）、平間の馴染み・糸里

（輪違《わちがい》屋の遊女）も加わり、芹沢鴨らは泥酔状態に陥る。それが土方の狙いである。

やがて芹沢・梅のカップルは、中庭に面した本宅の十畳間で床に就く。その部屋の中央に屏風《びょうぶ》を立てただけの状態で、平山・吉栄も休む。四人は同室で、縁側に近い方に芹沢・梅の蒲団が敷かれた。平間・糸里は、別の玄関脇の四畳半で寝る。

蒸し暑い夜で、雨戸はいつも閉めていない。六人の就寝を確認した土方歳三は、八木邸の門を開けてその場を去る。隊士は前川邸で寝泊まりしている。

深夜十二時過ぎ、二手に分かれた近藤一統が十畳間を襲う。

刺客の数は四人――。

山南敬助と原田左之助が、平山五郎の寝首を叩き斬る。裸で、首と胴が離れていたという。即死である。吉栄は、たまたま便所に行っていたので難を逃れる。

と同時に総司と土方歳三が、屏風を蒲団の上に押しかぶせて、その上から芹沢・梅に刀を突き立てる。二人とも裸体である。

最初に沖田総司は芹沢の寝所に忍び入り、言葉もかけず芹沢を斬る。芹沢、驚きながら心得たりと起き直り、脇差を抜いて討ちて掛かる。沖田の鼻下に軽傷を負わせたれども、土方歳三の二の太刀を受け損じ、切り倒されてついに命をおとす。（『新撰組始末記』）

斬られながらも芹沢鴨は、縁側から隣室の八畳間に逃げようとするが、ずたずたに斬られて絶命する。『壬生ばなし』によると、大小の傷が数えられないほどあり、肩から首にかけて大きな傷があったという。血みどろの梅は、即死状態で首が取れそうだった。

なお、『近世野史』（西村兼文）では、「沖田総治には別してその砌《みぎり》、面体に少々疵《きず》を請け候」とする。西村兼文は、八木源之丞の妻マサ（為三郎の母）に取材した節があり、総司の軽傷もおそらく本当だろう。

阿部十郎も、明治後年に「刺客は総司」と指摘する。

「芹沢を暗殺したのは、沖田総司が主任でございまして、それが他から何か這い入ったように見せまして、黒装束をしまして、顔を隠しまして、芹沢が寝所に忍び入りまして……娘（梅）を芹沢が抱いて寝ていたところを、女もろとも殺してしまったようでございます」（『史談会速記録』）

一方、別間で寝ていた平間・糸里は無事だった。下帯だけの姿で平間重助は抜刀して、「どこへ行った！」と刺客を探していたが、その夜の内に脱走を遂げる。彼は故郷の常陸国芹沢村［茨城県行方市］に戻り、明治七年（一八七四）に五十一歳で没した。

密かに事件を目撃したのが、八木家の妻マサである。『壬生ばなし』に載る内容を要約して記そう。

夫源之丞の帰宅を待ちながら、マサは子供の為三郎・勇之助兄弟を八畳間で寝かせていた。芹沢鴨ら四人が寝ている十畳間の隣室だ。

最初、彼女は十畳間を覗き込む土方歳三に気付く。土方歳三がそっと出た後、二十分くらいすると、玄関から刺客四〜五人が飛び込んできた。そのとき、彼女は総司、原田左之助、山南敬助の姿を見掛ける。

斬られた芹沢鴨は、隣室で眠る為三郎・勇之助兄弟の蒲団の上に倒れ込んで死ぬ。そのとき、勇之助が刺客の振った剣先で怪我をする。家中が大騒ぎになり、マサが子供を連れて親戚の家へ避難するところへ、袴を着けた近藤勇がやってくる――。

事件の一〜二日後、勇之助の怪我を聞きつけた総司のことも、『壬生ばなし』に書かれている。

「父（源之丞）へ、『勇坊まで怪我したそうですね』と、さも気の毒そうに云っていたそうです。沖田はあれでなかなか正直なところがあり、気のいい人物でしたから、罪科もない子供にまで、怪我をさせて気の毒だと思ったのでしょう」

ここにも、子供に優しく気のいい総司の姿がある。

とはいえ、殺し方は極めて残酷である。闇討よりも凄まじい。裸で熟睡中の彼らを、蒲団の上から斬り刻んだのだから……。

刺客

刺客は二班四人――。近藤本人は、直接手を下さず、アリバイを準備する。
改めて近藤一統の序列を掲げよう。数字は序列順位である。
○直門組　①近藤、②山南、③土方、④沖田、⑥井上
○食客組　⑤永倉、⑦藤堂、⑧原田、⑨斎藤
『新撰組始末記』では、④総司と③土方歳三が芹沢鴨・梅を、②山南敬助と⑧原田左之助が平山五郎を襲ったとする。

近藤直門三人、食客組一人という組み合わせである。そう、近藤勇の発想は武芸披露試合と同じパターンなのだ。

武芸披露時の真打は、直門最強の④総司と②山南敬助だった。その二人を主任とする襲撃班を編成し、「四天王」の中で腕に不安がある⑥井上源三郎を外す。

となると、交代要員は食客組から選ばざるをえない。そのため、槍を遣う⑧原田左之助を起用する。もし芹沢・平山が襲撃に気付いて逃げ出せば、手槍で刺し殺す。近藤勇は必殺の態勢を敷いたのだ。

ただし、これ以外の説もある。

前述したとおり、芹沢鴨と親しい永倉新八は刺客から外された。事件当夜は、島原に泊り込んでいたという。

明治後年、彼の壬生訪問時のコメントが、『壬生ばなし』に載る。

「全く何んにも知らなかった。近藤の差し金には相違ないが、あんなに生死を誓った自分にさえとうとう本当の事は云わなかった。しかし大体刀を振るったのは、土方・沖田・原田・井上などではないかと想像している」

ところが、永倉新八の著作では、刺客として土方・総司・藤堂と隊士御倉伊勢武《みくらいせたけ》の名を挙げる。「御倉が抜刀して先頭に立った」(『報国記事』)と記述するほどだが、その御倉伊勢武は十日後に「長州の間者」として近藤一統に殺害される。

もう一人の食客組斎藤一は、「近藤勇の信任厚かりし如し。芹沢鴨、伊東甲子太郎の殺戮は近藤の命により、自ら下したり」(『藤田家の歴史』)と語り残す。

御倉説は後で触れるとして、刺客四人が〈直門三人+食客一人〉で構成されたことだけは間違いなかろう。

暗殺事件の二日後、十八日に両人の葬儀が執行される。

芹沢・平山の遺体は壬生墓地に埋葬された。会津藩へは病死と届け出たが、近藤直門は隊内で「刺客が忍び込んだのだ。長州の奴らしい」（『壬生ばなし』）という噂を意図的に流す。それを、永倉新八などは完全に信じ込んだ。

だが、早速、町では噂が流れる。

「過日、壬生旅宿の浪士頭二人と妾の趣の油小路辺の女一人、同所にて浪士の内より切り殺され候由」（『町代日記』）

屯所で壬生浪士の頭二人と妾一人が、仲間の浪士に斬り殺されたそうだ——。

非常に正確な情報である。その他にも、以下の記録がある。

「浪士頭立ち候者両人、この間寝首取られ候由」（『東西紀聞』）

「芹沢、平山の両隊長暴殺に遭う」（『新撰組始末記』）

暗殺された平山五郎は、明らかに芹沢鴨と並ぶ「頭」「隊長」である。近藤勇が二班を編成した理由はそこにある。

組織を手中に収めるために、近藤一統は、芹沢鴨と同時に平山五郎を暗殺する必要があったのだ。実際、翌元治元年の一周忌には、両人の名を刻んだ「連刻碑」が建立される。

つまり、芹沢・平山は同格である。

長州の間者

芹沢・平山を殺した刺客は、長州の奴だ——。

なぜ、近藤直門はこのような噂を隊内で触れ廻ったのだろうか？

一言でいえば、次のステップとして、芹沢派壊滅作戦を目論んだからだ。芹沢一統（幹部）は今や野口健司を残すのみだが、まだ平隊士では芹沢派が多数を占める。

芹沢派隊士を、刺客の「長州の間者」に仕立て上げれば、近藤一統は疑われずに済み、同時に芹沢派は自壊の道を辿る。そうすれば、名実ともに壬生浪士組は近藤一統に帰す。奸計、謀略といっていい。

五月頃、京都の隊士募集で、「御倉伊勢武、荒木田左馬之介、松井龍三郎、越後三郎」の四人と、その仲間の「楠小十郎、松永主計」の二人が壬生浪士組に加わる。いずれも京都浪人で、六月の隊士名簿に記載される。ここで、仮に前者の四人を御倉一統としよう。

御倉一統について、『顚末記』に次のような記述がある。

長州浪人と称する御倉一統を近藤勇は迎え入れ、国事探偵方（周旋方）に就けるが、御倉一統には壬生浪士組を混乱させようとする不審な企みが見られる。彼らの実態は、長州藩桂小五郎（後の木戸孝允）が壬生浪士組に潜入させた間者（スパイ）だった——。

しかし、壬生浪士組の総数は五十人強。御倉一統と仲間の六人は、その一割にあたる。それだけ大勢の間者が探るような情報が、当時の壬生浪士組にあったとは思えない。

八木為三郎への新聞取材記事（『壬生ばなし』の前）によると、勤王党の御倉一統は、近藤勇らの佐幕党と対立したという。つまり彼らは芹沢派に属したのだ。

芹沢・平山の暗殺後、芹沢派残党というべき御倉一統・仲間六人は主導権を握ろうと動き出し、近藤暗殺を企てるが、仲間の松永主計が裏切って情報を近藤勇に流す。

その結果、近藤勇は六人の殺害指令を近藤一統（直門、食客）に下す。「隊内に長州の間者が数人いる。それが芹沢を襲った刺客だ」と。

暗殺の実行者である直門は別として、食客の永倉新八らはその話を信じた。推測ではあるが、近藤勇は「刺客は御倉一統の四人。首謀者は御倉」とまで、永倉新八に吹き込んだのだと思う。

近藤直門の仕業と知った後でも、どうしても永倉新八は御倉首謀説を捨て切れなかった。そのため、「御倉が、近藤に芹沢殺しを焚きつけたのでは」という推論に立って、『報国記事』に「御倉が先頭で」と記したと思われる。

芹沢・平山暗殺からわずか十日後、二十六日に前川邸の屯所で惨劇が起こる。

床屋を呼び、縁側で結髪中の御倉伊勢武と荒木田左馬之介を、背後に立つ床屋の股の間から、『新選組実戦史』によれば、斎藤一と藤堂平助(永倉は林信太郎とする)が脇差を柄元まで突き刺したのだ。「髪結の後腹からより芋差し」(『報国記事』)にされた両人は絶命する。

別間にいた越後三郎と松井龍三郎を殺そうと、総司と藤堂平助が踏み込むが、察知した二人は窓を破って逃げる。

総司が「屋内に彼らと同意の者あらん、方々《かたがた》油断めさるな」(『顚末記』)と大声で叫ぶと、松永主計と楠小十郎が血相を変えて飛び出す。

仲間を裏切った松永主計には、追いかけた井上源三郎が背中に一太刀浴びせるが、遁走される。楠小十郎は、『壬生ばなし』によると、前川邸の門前で原田左之助によって背後から斬り殺される。

御倉一統・仲間六人は死亡三人、逃走三人。

襲撃したのは、永倉新八を除く近藤一統の組頭五人であり、御倉・荒木・楠を殺害したのはすべて食客組だ。白昼の襲撃なので、副長の山南・土方は参加していない。

芹沢派の残党はパニック状態に陥る。いつ寝首を掻かれるか、背後から殺されるか、わからないからだ。梅を含めれば、九月だけで七人が殺された。

沖田総司関係地図　京都

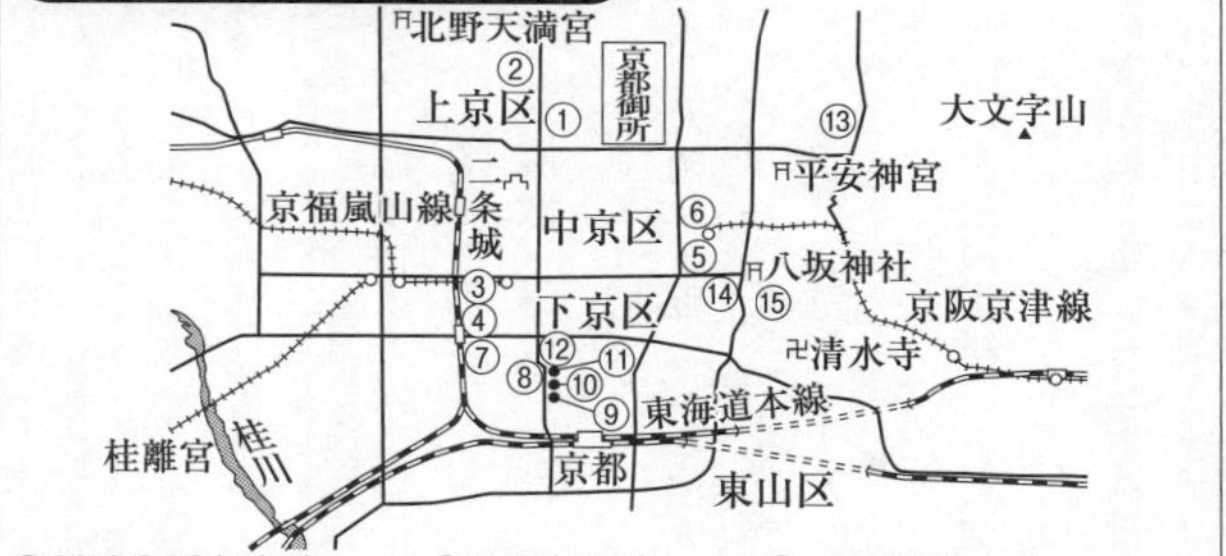

①京都守護職邸（上京区）
②大和屋（上京区）
③八木邸・新選組屯所（中京区）
④壬生寺（中京区）
⑤桝屋（中京区）
⑥池田屋（中京区）
⑦島原遊郭（下京区）
⑧西本願寺（下京区）
⑨不動堂村屯所（下京区）
⑩近藤勇妾宅（下京区）
⑪七条油小路（下京区）
⑫天満屋（下京区）
⑬会津藩本陣・黒谷光明寺（左京区）
⑭祇園会所（東山区）
⑮月真院・御陵衛士屯所（東山区）

沖田総司関係地図　伏見

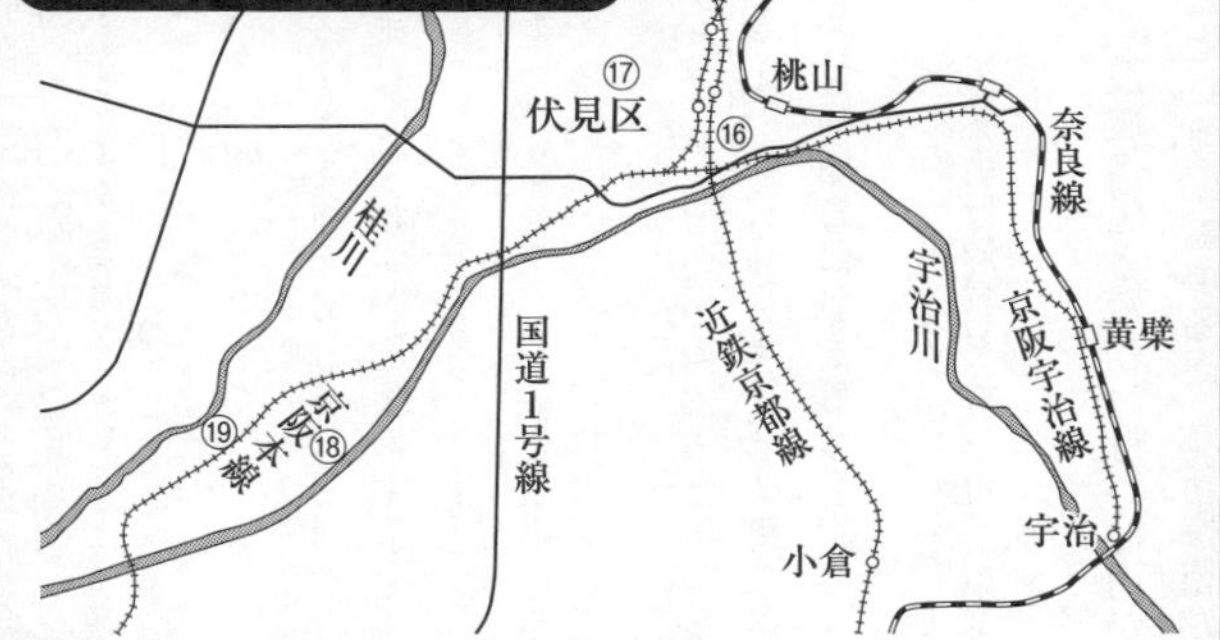

⑯伏見奉行所（伏見区）
⑰薩摩藩邸（伏見区）
⑱淀城（伏見区）
⑲淀千両松（伏見区）

六月六日時点の在隊（五十二人）が確認される阿部十郎も、芹沢派の一員だった。

「（近藤は）同志の中でございましても、少しく異論がありまするというと、高弟どもに密かに暗殺をさするという挙動がございまして」

「（我々は）その時分に五十何人かおりました。我々の如きは近藤を倒そうといって企てたところが、とうてい見込みがないから一時解散をしてしまうがよい。まず五、六十人ばかりの内、四十何人という者は……ついに離散しまして、わずか近藤の手下七、八人残りました」（『史談会速記録』）

文中の「解散、離散」とは「芹沢派の解散、脱走」のことだ。多数を占めた芹沢派の隊士は、大量脱走したのである。

脱走した阿部十郎は水戸浪人吉成勇太郎に匿われた後、大坂の道場主谷万太郎（新選組隊士）の門下に入って再び新選組に加入するが、慶応三年には伊東甲子太郎に随って御陵衛士となる。異色のキャリアの持ち主で、明治後年に貴重な談話を残す。

十月頃、壬生浪士組は「新選組」を隊名として、近藤勇は局長と称した。京都守護職会津藩の「部局」という位置付けによる。

年の瀬が迫る十二月二十八日には、芹沢一統の「最後の生き残り」野口健司が切腹させられる。理由はハッキリせず、訴訟を取り扱ったという話もあるが、『新撰組始末記』では、結髪中の彼を、近藤勇の命を受けた原田左之助が背後から刺し殺した、と記述する。

かくして芹沢派は壊滅し、新選組は完全に近藤一統のものとなる。

血なまぐさい文久三年は、こうして暮れる——。

第三章　京都編——新選組の活躍と落日

富沢忠右衛門の上洛

年が明けて文久四年（元治元年、一八六四）一月二日、二十三歳の総司は小島鹿之助らに年賀状二通を認《したた》める。年賀状の到着は小島家の記録で確認されるが、残念ながら現物は伝わっていない。

ただし、翌年以降と推定される年賀状三通は現存する。いずれも短いものだが、実に華麗な筆跡だ。子母澤寛は、「如何にも剣客らしい風韻がある」（『新選組始末記』）と評している。

この日、将軍家茂を警衛するために、新選組は大坂に下る。将軍家茂は海路を辿り、大坂経由で再上洛を果たす予定である。前回の上洛時は朝廷から攘夷決行を迫られたが、今回の目的は公武合体の推進にある。

詳細は不明だが、大坂滞在中の新選組は、船場の呉服商「岩木升屋」に押し入った不逞《ふてい》浪士を討ち取る。そのとき、出動した山南敬助の刀が折れたため、彼は重傷を負ったようだ。以降、山南敬助は床に伏す日々を送ることになる。

将軍家茂は、十五日に二条城に入る。

「殿《しんが》り、鎖帷子着候壮士三、四十人計」が、大坂から京都まで御供する。行列の最後尾を勤めた壮士が新選組であり、総司もその中にいる。

しかし、芹沢派の脱走もあって隊士数は減少気味だ。もちろん、新入隊士もいるのだが、文久三年六月から約一年間の名簿が現時点では見つかっていない。

二月二日、珍客が壬生の屯所を訪れる。

試衛館の後援者である連光寺村名主富沢忠右衛門が、将軍の御供を勤める御書院番の番士に付き添って、上洛してきたのだ。彼は『旅硯九重日記』に次のように記す。

「壬生邸なる新撰組の近藤勇、山南敬助、土方歳三、井上源三郎、沖田惣司等の旧友を尋問（訪問）す。近藤氏は会津侯（松平容保）の召しに応じ出仕、不在なり。山南は病に臥し、逢わず。土方、井上、沖田の三士に謁《えっ》し、昨年以来の談話に時を移しぬ」

約三年前、総司は試衛館修復の頼母子講で世話になったことがある。

以降、四月半ばに離京するまで、富沢忠右衛門はたびたび彼らと旧交を温めるのだが、最後まで山南敬助とは面会できずに終わる。それほどの重傷だったようだ。

翌三日、富沢忠右衛門の旅宿を、「近藤勇騎馬にて入来」。近藤勇は浪人の身でありながら、会津藩から騎馬を認められていたようだ。上士（馬廻り）に相当する格であり、やがて総司も騎馬を許される身となる。ただし、馬術をどこで習ったのかはわからない。

以下、『旅硯九重日記』に登場する総司を追いたい。

二月九日、総司は土方・井上とともに富沢を訪問するが、不在だった。

三月五日、富沢は「近藤、土方、井上、沖田、藤堂」らに、島原での酒宴に招かれる。

同月十一日、富沢は「近藤、土方、井上、沖田、藤堂、竹田（武田）」らと、花見の酒宴を催す。

突如、組頭の一人である武田観柳斎が登場するが、前年末の在隊が確認されている。甲州流の軍学者・武田観柳斎は、江戸在住の頃、試衛館に出入りした可能性が高く、千人同心井上松五郎とも知り合いだったようだ。

四月十一日、「近藤、土方、井上、沖田」などが、富沢の送別会（酒宴）を開催する。

そして、十三日に帰国する富沢忠右衛門を、土方・井上が伏見まで行って見送る。

一連の日記には、藤堂平助を除く食客組（永倉、斎藤、原田）がまったく登場しない。

その点からも、近藤直門の結束度がいかに強かったか、どれほど多摩に根ざしていたか、が窺えると思う。それと、この日記を見るかぎり、総司は酒を嗜《たしな》んだようだ。

京都滞在中、富沢忠右衛門は、日野宿名主佐藤彦五郎宛てに新選組の様子を報告したらしい。知らせを受けた佐藤彦五郎は、小野路村名主小島為三郎宛てに「勇、歳三、山南、沖田、一同無異の由。喜悦々々」と書き送る。まさに多摩の情報ネットワークである。

山南敬助は「異常なし」とはいえないものの、「喜悦」の繰り返しに、佐藤彦五郎の喜びが滲み出ている。

新選組の組織

政局は膠着状態にある。公武合体運動は進展を見せず、将軍東帰の噂も出始める。

五月早々に近藤勇は、会津藩経由幕府老中宛てに新選組の「進退伺い」を出す。どうやら近藤勇は、鬱々としていたようだ。その頃の新選組の職務は、将軍警衛、市中見廻り（浮浪の取り締まり）である。進退伺いの大意は次のとおり。

我々は攘夷実行のために浪士募集に応じたのであって、「市中見廻り」のためではありません。将軍が江戸に戻られれば、「将軍警衛」もなくなるので、新選組を解散させるか、故郷に戻すかの処置をお願いします——。

浪士募集の趣旨だった将軍警衛の職務がなくなって、市中見廻りだけとなれば、町奉行所の同心（捕り方）と同じではないか……。

これは、新選組の存在意義を問われる問題であり、隊士を説得するのも難しい。そのため、新選組を解散してほしいと申し出たのである。

結局、老中に慰労された近藤勇は、市中見廻りを継続するのだが、依然として新選組の総数は四十人前後。番編成を組んで見廻るには、小規模と言わざるをえない。

この頃の編成は、〈局長―副長―組頭―平士〉であり、スタッフ職の諸士調役、勘定方の職制も整備される。

局長は近藤勇、副長は山南敬助・土方歳三。組頭九人は近藤一統六人（総司、永倉、井上、藤堂、原田、斎藤）に加えて、松原忠司、武田観柳斎、谷三十郎が就く。ここまでが幹部である。

少し後の『新選組金談一件』によれば、組頭以上の俸給は月額金十両、平士（諸士調役、勘定方を含む）は金二両と、身分に応じて歴然とした俸給の格差が設けられた。

一般的な藩士の構成は、〈上士―徒士〉であり、それを新選組に置き換えると、騎馬を許された局長は上士、副長以下は徒士に相当する。

会津藩では上士だけでも七階級に分かれ、『志ぐれ草紙』によると、それぞれの羽織紐の色で身分を識別できるように工夫した。

新選組もそれに倣《なら》って、羽織紐の長さをヴィジュアルな識別表示としたらしい。永倉新八の遺談に、「比較的長目の紐を結んでいた者が、隊中では階級が上位の者であった」（『新選組興亡史』）とある。

スタッフ職にも触れておこう。

まず諸士調役の「諸士」とは士分、すなわち〈上士―徒士〉の全体を指す。

言い換えれば、浪士集団新選組には士分だけしかおらず、〈足軽―武家奉公人〉は存在しない。モチベーションアップからも、その点を職名で強調したと思われる。監察ともいうが、監察とは「監督して査察する」の意味である。

このような諸士調役の平時の職務は、対内的には隊士の不祥事や掟違反のチェックなどで、対外的には不逞浪士の探索や諜報活動に従事する。

それが戦時になると、軍目付や物見などを勤める。軍目付とは、戦場での働きに応じて論功行賞を具申する者だ。また軍律を遵守させる役目もある。

次に平時の勘定方は金銭の出納管理ばかりでなく、訴訟なども取り扱うが、「戦時となりては小荷駄方というを勤む」（『芳助書翰』）。

つまり戦時態勢に移行すると、前に述べた小荷駄として、武器や食糧などの輸送を担う。

このように局面に応じて、新選組の職名や職務内容もスライドしていく。

内山彦次郎暗殺事件

五月七日に下坂した将軍家茂は、十六日に海路で江戸に帰る。その間、新選組が警衛を勤めたことは言うまでもない。

二十日、大坂の西町奉行所与力・内山彦次郎が天神橋［北区中之島］で暗殺される。殺害したのは尊攘過激派浪士という説もあるが、新選組の仕業と思われる。

殺害の動機を、『新撰組始末記』では、前年六月の大坂相撲との乱闘事件とし、事件を奉行所へ届けた近藤勇を、正義漢の内山彦次郎が厳しく吟味した。その鬱憤を晴らすために、近藤勇が総司・原田・永倉・井上の四人に暗殺させたとする。いわゆる逆恨み説だ。

総司ら四人は、奉行所から退出する内山彦次郎を天満橋（正しくは天神橋）で待ち伏せる。護衛に守られた彼の駕籠が差し掛かると、抜き身を手にした四人は左右から襲う。

「沖田、駕（籠）越しに突き立て、内山が重傷なるを引き出して首を刎ね、青竹に突き抜き梟《さら》し、この者奸物にして灯油を買い締め、諸人を困窮せしむるを以《も》って、天誅を加えるなりと捨札を添えて立ち去り……」

内山彦次郎に天誅を加えた総司は、罪状書を添えて首を曝した――。

だが、この記事の「動機」は明らかに違う。というのも、近藤勇が届け出たのは東町奉行所であり、内山彦次郎が勤務する西町奉行所ではないからだ。

また、実際の内山彦次郎は正義漢とは逆の「悪与力」、その勝手な取り裁きによって「市中困り入り候」(『平野屋武兵衛日記』)といわれた人で、傲慢増長とする評もある。さらに米相場の操作にも関与していたらしく、外出時は常に剣術遣いに護衛させたという。『顚末記』にも事件発生時期などの混乱が見受けられるが、近藤勇以下十人(土方、総司、永倉、原田、井上、島田など)が襲撃し、近藤勇が「天下の義士これを誅す」と書いた紙を死体の上に置き、立ち去ったと記す。

それらの記事と永倉新八の別の「記録」(『新撰組永倉新八』の口絵写真で一部分が判明)を参考にすると、実際は次のような内容だったらしい。

島田魁の日記に、「大坂与力の風説甚だ宜しからず、故に当組にてこれを探索す」とあり、悪評を摑んだ新選組は、将軍警衛を終えた後に、一部の隊士が大坂に残って内山暗殺を決行する。近藤勇は京都に引き揚げたことが確認されており、永倉新八も暗殺に加わったわけではなく、伝聞情報だったようだ。

事件の目撃談によれば、駕籠が天神橋を渡るところを、両側から手槍が刺し込まれる。引きずり出された内山彦次郎は両腕を斬られ、首を落とされる。そこへ大勢の見廻りの者が来たので、刺客はそのままにして立ち去る。橋の上は血だらけ。

推測ではあるが、刺客は四人で二班編成。その内の二人が手槍を持つ。永倉新八の「記録」には、総司と島田魁が護衛を追い払ったとある。そこへ原田左之助が手槍を駕籠に突き刺す。もう一人の槍の遣い手は、諸記録に載る井上源三郎であろう。千人同心は槍部隊が主体なので、彼も手ほどきを受けた可能性はある。

内山斬殺後、見廻りの者が来たので、四人は立ち去る。

したがって、総司がその場で罪状書を書く余裕はなかったと思われる。翌日以降になって、「天下義勇士」と署名された罪状書が、大坂や京都市中数ヶ所に掲示された。この天下義勇士が新選組であろう。

池田屋事変

前年の八月十八日の政変以降、京都を追われた尊攘派過激浪士（不逞浪士）は、京都に潜入してテロ行為や武装蜂起を企てる。京都に不穏な空気が流れ始める。

諸士調役の島田魁、浅野薫、山崎烝らは、京都市中の不逞浪士の探索活動に従事しており、四月下旬、捕縛した不審者から不逞浪士潜入の情報を入手する。

六月一日には、不審者を尋問して、「火薬を所持した長州系不逞浪士が京都に潜伏中で、公武合体派の要人である中川宮や会津藩主を殺害し、大風を待って市中を焼き払う」という陰謀を引き出す。

さらに不逞浪士の潜伏場所を探索すると、四条小橋で薪炭商を営む桝屋喜右衛門こと古高俊太郎が捜査線上に浮かび上がり、五日早朝に組頭武田観柳斎以下が彼を捕縛して、壬生の屯所に連行する。

拷問の結果、古高俊太郎は要人暗殺・市中放火計画を白状し、自宅からも武器弾薬や密書が発見される。

事態は急を要する——。

新選組から報告を受けた京都守護職会津藩は、その夜の「浮浪狩り」を決断する。「京師に徘徊せし浮浪の徒の召し捕り」、すなわち不逞浪士の一斉検挙である。

空前絶後の大捕物なので、会津藩は京都所司代桑名藩、京都町奉行所、上洛中の諸藩兵にも緊急出動（出役）を要請し、夜九時に四条の祇園会所集合と決める。

一方、古高捕縛を知った尊攘派過激浪士は長州藩邸に集まり、古高奪還策などを練るが、結論が出ない。そのため、夜に長州藩定宿の三条小橋「池田屋」に集まり、再度協議することを決める。

尊攘派過激浪士は、捕縛された古高が自供したことを知らない。一方の新選組は、彼らが池田屋に集まることまでは摑んでいない。

出動の準備を整えた新選組は、夕刻までに祇園会所に詰める。その数は三十四人。

事変後、近藤勇は関係者宛ての書状に「折悪しく局中では病人が多く、(出動したのはわずかに三十人」と記すが、実際は「壬生浪士の内八人、四、五日以前出奔」(『元治秘録』)と脱走が相次いだために、隊士数が四十人前後に減ったからである。

さらに、そこから山南敬助以下の傷病人と屯所警備の者を差し引くと、「捕り手」として出動できたのがマックス三十四人となる。

だが、約束の刻限が近づいても、出動に手間取る会津藩兵や諸藩兵は集結しない。やむなく近藤勇は、新選組単独での探索を決断する。八時半頃のことだ。

不逞浪士が潜んでいそうな場所を、個々に吟味しなければならない。

御用改めである。そのため、隊士三十四人をおおよそ一対二の比率で分け、近藤隊十人は鴨川の西側、土方隊二十四人は鴨川の東側と地区割りする。

両隊は、四条から三条に向かって鴨川沿いに北上を始めるが、途中で土方隊は井上源三郎隊をスピンアウトする。探索場所が多数におよんだからだが、いざというときに信頼できるのは「身内」だけである。

三隊の編成は次のとおり。

○近藤隊十人：近藤勇、沖田総司、永倉新八、藤堂平助、谷万太郎、浅野藤太郎（薫）、武田観柳斎、奥沢栄助、安藤早太郎、新田革左衛門
○土方隊十三人：土方歳三、松原忠司、河合耆三郎、酒井兵庫、近藤周平など
○井上隊十一人：井上源三郎、原田左之助、斎藤一、林信太郎、島田魁、川島勝司、葛山武八郎、谷三十郎など

十時過ぎ、三条小橋に達した近藤隊は、「旅宿池田屋で浪士が飲食中」との情報を掴む。といっても、一気に踏み込んだのではなく、事前に隣家から池田屋の間取りを聞き取り、隊士の配備といった手筈を整えたのだ。実に近藤勇は用意周到である。

近藤勇は、裏口に奥沢・安藤・新田を配備し、表口に谷万太郎・浅野・武田を置く。自らは総司・永倉・藤堂を引き連れて池田屋へ入る。

近藤勇が選抜した三人は、試衛館の腕達者で江戸出身の者だ。彼らは鎖帷子を着込み、鉢金《はちがね》（小型の兜）を頭に巻いている。

「今宵《こよい》、御用改め」と近藤勇が池田屋の亭主に伝えると、驚いた亭主は二階へ走る。それを近藤勇と総司が追うと、二階にいた不逞浪士二十数人が一斉に抜刀する。

そこで、近藤勇が「御用改め。手向かい致すにおいては、容赦なく切り捨てる」（『報国記事』）と大音声を発する。浮浪の召し捕りが新選組の目的だが、彼らが抜刀したために、

殺害をも辞さないと警告したのだ。「手に余れば、斬り捨てても構わない」という指示も出されている。

ひるんだ浪士の中から一人が総司に斬り掛かると、「沖田総司、これを切る」。ここで浪士は階下に逃げ始めるのだが、「沖田総司、病気にて会所へ引き取る」（『報国記事』）。戦闘の舞台は一階に移り、近藤・永倉・藤堂は戦い続ける。その結果、藤堂平助は眉間に重傷を負い、永倉新八は指に軽傷。近藤勇は無事である。

だが、脱出を図る浪士が裏口に殺到したため、裏口を持ち場とした三人の隊士は、即死もしくは重傷後に死亡する。

乱闘の最中、急を聞いた井上隊が駆け付け、屋内に入る。次いで土方隊が屋外を固める。ようやく出動してきた会津藩兵なども、池田屋周辺や各所で浪士を捕えるが、池田屋事変の手柄は討ち入った新選組に帰す。

後日、幕府が「（浮浪の徒の企てに）新選組の者共、早速罷《まか》り出で、悪徒共討ち留め召し捕り抜群相働き」と激賞するとおりだ。

永倉新八は、読み物風の『顚末記』では、「沖田が大奮闘の最中に持病の肺患が再発してうち倒れたので、眉間を負傷した藤堂とともに表へ出してしまう。残るは近藤と永倉の唯二人」と記す。

それを参考にした『新選組始末記』（子母澤寛）は、「先《ま》ず名人の沖田が戦の半ばに、持病の肺が悪くなってひどい喀血をして昏倒した」と描くが、永倉著作の中でも正確度が優る『報国記事』を信じるべきであろう。

病気のため、総司は会所に運ばれた――。

それは戦いの半ばではなく、緒戦である。リタイアを余儀なくされた総司は、祇園ではなく、近くの三条会所に運ばれたと思われるが、二時間近くにおよぶ戦闘のどのタイミングかはわかっていない。二階で倒れていた総司を、後から屋内に入った井上隊が一階の藤堂平助とともに救助した可能性もあると思う。

次に『顚末記』は病気を「持病の肺病（肺結核）」とし、昏倒の理由が喀血だったように書くが、これは結果論に基づく推測ではなかろうか？

たしかに総司は肺結核に冒され、それが原因で死亡する。

永倉新八は、そのフィルターを通じて「持病」と表現したのだろう。もし元治元年六月時点での持病ならば、当然発病はそれ以前になるが、四ヶ月前に上洛した富沢忠右衛門は何も触れていない。近藤勇の書状にも、総司の病気の件は見当たらない。

総司の発病時期を、小島鹿之助は「丁卯《ていぼう》二月罹疾《りしつ》」（『両雄士伝』）と記す。

つまり、「慶応三年二月」に罹患したとするこの記事を信じるべきであろう。池田屋事変から二年半後のことだ。麻疹騒ぎ以来、小島鹿之助は常に総司の身体に気を配っている。

事変当日は、新暦では七月八日。京都の夏は暑く、斬り合ったのは狭い屋内だ。

血気盛んで常に先頭を切るため、「魁《さきがけ》先生」と呼ばれた藤堂平助が眉間を斬られたのも、組頭谷三十郎の証言（『壬生ばなし』）によると、「余り暑いので鉢金を脱いだ、その脱いだ瞬間」という。重量物の鎖帷子と鉢金を着用すれば、その暑さは強烈だ。

とすれば、総司は一時的な熱中症で昏倒したのではなかろうか？

翌六日、血だらけの新選組は、壬生へ引き揚げる。それを目撃した八木為三郎は語る。

「沖田総司が真っ青な顔をして、真っ先に歩いていました。その傍にはたしか土方歳三がいたと思います」（『壬生ばなし』）

近藤勇の養子

池田屋事変から三日後、六月八日に近藤勇は、江戸・多摩の関係者宛てに書状を認める。

大殊勲を挙げたばかりの近藤勇は、「前代未曽有《みぞう》の大珍事に御座候」と実に誇らしげに記すが、一部を粉飾している。長文なので、ポイントを列挙したい。
○安否…「当方一統無事」「深手藤堂平助、薄手永倉新八、外に手疵を受け候者これ無く」
○手柄…「（敵の）討ち取り七人、手負い三人、召し捕り二十三人、右は局中の手の働きに御座候」「（敵は）いずれも万夫の勇者、誠に危なき命を助かり申し候」

○討ち入り：「討ち入り候者は、拙者（近藤）、沖田、永倉、藤堂、下拙（近藤）養息周平今年十五歳、右五人に御座候」
○刀：「（戦闘で）永倉新八の刀は折られ、沖田総司刀の帽子折れ、……倅《せがれ》周平は槍を斬折られ、下拙刀は虎徹故にか無事に御座候」
○関東武士の評価：「兵は関東に限り候」
○今後の処遇：老中より「与力上席」に取り立てると言ってきましたが、「江戸表親父（病気中の周斎）にも伝え、受けるかどうかは御一同のお考えをお聞きしたいと思います。
○追伸・養子の件：先日、「板倉周防守殿（老中板倉勝静《かつきよ》）家来」より養子を貰い受けました。時節柄、「死生の程も計り難く」、養子の心構えを致しました。追って詳しく申し上げます。「名は周平」と申し付けました。ご相談の上と存じましたが、行き届かず、追ってお詫び申し上げます。

池田屋事変の詳細報告とともに、「周平との養子縁組」の事後承諾を、近藤勇は関係者に求めたのだ。そのため、近藤勇は「周平も総司らとともに討ち入りに参加した」と、アピールしたのである。実際の周平は土方隊に属した。

近藤周平の前名は谷千三郎。谷三兄弟、三十郎・万太郎・千三郎の末弟である。谷家は備中松山藩［岡山県高梁《たかはし》市］板倉家で百二十石取りの上士の家柄だったが、三十郎の代になって浪人した。原因は弟の万太郎の女性問題といわれる。

大坂に出た万太郎は、医師岩田文碩《ぶんせき》の許に身を寄せ、後にその次女スエを娶る。そういう縁で、岩田文碩の援助を受けた三十郎・万太郎兄弟は、大坂に刀槍術の道場を開く。

隊士近藤芳助は、「三十郎は槍術、万太郎は剣術、周平（千三郎）は槍術」（『同方会誌』）に長じたと語り、『壬生ばなし』にも「谷三十郎の槍は千石もの」という話がある。万太郎も種田流槍術を教授しており、原田左之助、島田魁、阿部十郎は弟子にあたる。

新選組への加入時期は、万太郎が文久三年六月頃。三十郎と千三郎は、文久三年秋頃と思われ、三十郎は当初から組頭として遇されたようだ。よく横柄な人物に描かれるが、実際は、「家柄が良く、刀槍に優れ、親切な人柄」といっていい。

そして池田屋事変の少し前に、近藤勇の養子となった千三郎は、近藤周平昌武を名乗る。『近藤勇書状』には十五歳とあるが、実際は十七歳だ。

通称の周平は、天然理心流三代目周助の前名。諱の昌武は、三代目周助邦武と四代目勇昌宜からの偏諱《へんき》である。偏諱とは諱の一字を与えることで、身分の高い人から授かることを「一字拝領」という。

明らかに近藤勇は、周平に浪人近藤家と天然理心流五代目を継がせるつもりだった。近藤家と天然理心流はワンセットである。このとき、三十一歳の近藤勇は、娘タマだけで跡継ぎの男子に恵まれていない。

では、なぜ近藤勇は周平と養子縁組をしたのだろうか？

その理由を、阿部十郎は「私の師匠が元板倉の家来でございましたから、これをいったん帰藩をさして、これを使って己《おのれ》（近藤勇）が板倉周防守へ取り込もうという了見」（『史談会速記録』）とする。

また、近藤勇五郎（後の勇の娘婿）は、「（周平は）余り男がいいので、備中の板倉さんの落胤を谷（三十郎）が育てていて、勇にくれたのだと言いますが、これはわかりません」（『新選組物語』）と語る。

大名のご落胤はともかく、出世意欲に燃える新選組局長近藤勇は、谷三十郎を通じて老中板倉勝静に取り入ろうと考えた。

加えて、撃剣師匠の立場から「谷三兄弟の腕前」を高く評価した。

「三十郎が勇にくれた」という勇五郎談には、近藤勇の方が強く縁組を望んだ雰囲気が漂う。ある意味、近藤勇は谷三兄弟の家柄（元・上士）と腕に惚れ込んだのであろう。

五月頃に周平を養子とした近藤勇は、六月の池田屋事変の直後に養女も迎えたようだ。

その話が多摩に伝わり、小島家の記録に「近藤は養女まで致し候由《よし》。十三歳くらいの趣《おもむき》なり」（七月三日付、『聴書』）と記される。

五月時点では周平を浪人近藤家・天然理心流宗家の後継者と考えていた近藤勇は、池田

谷・岩田家略系図

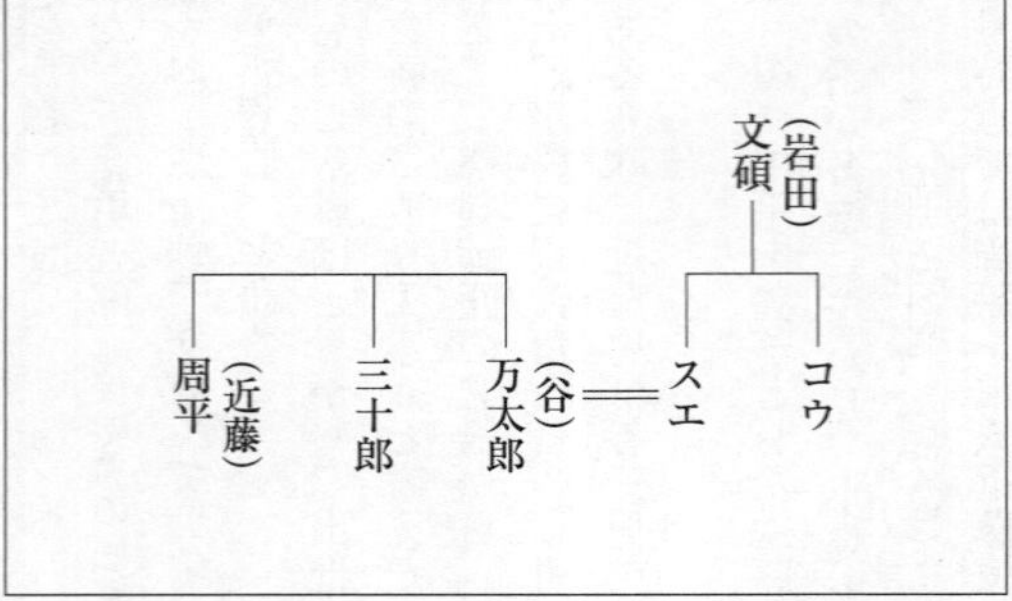

屋事件の殊勲によって、幕臣取り立ての打診を老中から受ける。

前年秋にも取り立ての話はあったが、新徴組と同様の伊賀者次席（徒士）という低い身分だった。それを近藤勇は断ったのだが、今回の打診は与力上席（上士）だ。出世が目前に迫る近藤勇は、よりエスカレートして「夫婦養子」までも意図したのである。

一介の撃剣師匠ではなく、上士待遇の新選組局長として――。

江戸の頃と、今の京都では身分が違う。

つまり近藤勇は、十五歳の養子周平と十三歳の養女とを夫婦にして、「幕臣近藤家の跡継ぎ」にと考えたのだと思う。

実はこの養女も谷家の縁戚で、『沖田総司』（『別冊歴史読本』八十三号所収）によれば、万太郎の妻スエの妹コウ（岩田文碩の三女、系図参照）に比定される。しかし、近藤勇の思惑どおりには進まず、コウは周平とは結婚せずに他家に嫁いだという。

その原因は総司にある——。

小島家の記録に、「勇先生有養女、気豪常佩刀……」（『慎斎私言』）と書かれた記事が存在する。漢文なので大意を記そう。

近藤勇先生には養女があった。養女は気性が豪《あら》く常に刀を佩《お》びていた。養女は総司の勇（武勇）を愛し、箒《ほうき》を持ち身の回りの世話をする（刀を捨てる）ので妻にしてほしいと請うた。総司は固辞した。自らを愧《は》（恥）じた養女は、刀を咽喉に刺した。しかし、傷は回復して生を得た。後に他家に嫁いだという。

気が強く男勝りの養女コウは、刀を捨てる覚悟で愛する総司にプロポーズする。だが、総司が強く辞退したため、恥じらいのあまり懐剣で自害しようとした。

総司の女性関係については改めて触れるが、彼が二十三歳の頃の一齣《ひとこま》である。

総司の佩刀

池田屋事変の報を受けた長州藩では、一気に藩論が幕府との武力対決に傾き、六月中旬には京都近郊の伏見、山崎付近まで藩兵を進める。

公武合体派（会津・薩摩藩）と尊攘急進派（長州藩）の全面対決であり、戦闘場所に因んで「禁門の変」という。

会津藩の一翼を担う新選組は、六月二十四日に九条河原へ出陣する。初めての本格的な参戦である。

総司の出陣を記す史料もあるが、『報国記事』は出動者として「局長近藤勇、副長土方歳三、副長助勤（組頭）永倉新八、藤堂平助、斎藤一、井上源三郎……」を挙げ、「（土方は）病気にて引き籠る山南敬助の代わり」「（永倉は）病気にて引き籠る沖田総司の代わり」（意訳）という注を加える。

副長上席山南の職務を次席土方が、一番組頭総司の職務を二番組頭永倉が、それぞれ代行するということだ。それが序列の持つ意味で、端的にいえば永倉新八が一番・二番を指揮したとなる。

山南敬助は長期療養中だが、総司の方は池田屋事変での昏倒に起因すると思われる。事変は約二十日前のことだ。

結局、七月十八日の戦闘で長州藩は敗北を喫し、勝利した幕府サイドは「長州征伐」へとエスカレートしていく。ただし、この禁門の変で新選組は手柄を挙げずに終わる。その分、長州征伐への従軍を強く希望することになる。

ちなみに、京都で暗殺された洋学者佐久間象山の遺児・三浦敬之助（十七歳）は、父の門人である会津藩士山本覚馬（新島八重の前夫）の仲介により、このとき新選組に加入する。三浦敬之助は、「わずかですが、戦いの真似をしました」と、継母である勝海舟の妹に書き送っている。

禁門の変が一段落した後、八月四日になって池田屋への出動者三十四人全員（内三人は死亡）に褒賞金・総額六百両が、幕府から会津藩経由で支給される。

突発的な戦闘だったので、殊勲の判定者（目付）がおらず、近藤・土方を除く隊士は一律金十両とされた。

それに加えて、戦闘シーンを三段階評価した新身《あらみ》料が、「別段」として支給された。新身とは新刀のことで、別途、戦闘で破損した刀の買い替え代が支払われたわけだ。

池田屋に斬り込んだ近藤隊は、上等として別段金十両。遅れて屋内に入った井上隊は中等の別段金七両、屋外を守備した土方隊は下等の別段金五両となる。

近藤隊に属した総司は、合計で金二十両を得た。

かつての沖田家の俸禄（年十一両相当）と比べれば、倍の金である。『壬生ばなし』では、褒賞金が出たとき、「（酔った隊士が）『大名になった　大名になった』と叫びながら、島原の方へ走って行った」というエピソードが伝えられる。

総司の佩刀で最も知られるのが、「菊一文字則宗《のりむね》」である。沖田家の伝承でも「菊一文字細身の作り」とされる。

菊一文字とは、鎌倉時代の刀工・一文字派が鍛え、後鳥羽上皇から「菊」の紋を許された刀をいう。数百年前の「古刀」で、今では国宝級だが、戦闘には適さない。

神社などへの奉納用と思ってよく、一般の刀商が扱う刀ではない。したがって、「体で斬れ、斬れ」と教えた総司が、菊一文字を帯びていた可能性は極めて低いと思う。

もう一つは、壬生の刀研師《とぎし》・源龍斎俊永の覚え書（『池田屋事変の新選組隊士戦刀列伝』所収）に載る刀だ。覚え書とは、池田屋事変後に隊士の刀を修理したとされる源龍斎俊永の「手控えリスト」であり、子母澤寛が発見した史料という。

「近藤勇　長曽彌興里入道虎徹《こてつ》　二尺三寸五分　上出来なれど偽物のよう」
「土方歳三　和泉守兼定　右刀之定《のさだ》より後のもの」
「沖田総司　加州金沢在長兵衛藤原清光　元寸二尺四寸余り　帽子折れなり」……、と池田屋出動者の刀が書かれており、総司の刀は、加賀国［石川県］金沢に在住した刀工・藤原清光の作という。

ただし、同時代とは思えない言葉が使われ、総司の刀の「帽子折れ」は『近藤勇書状』を参考にした可能性もあって、全幅の信頼は置き難い。なお、帽子とは刀の先端「切っ先」のことだ。

他に「大和守安定　二尺二寸」という説もあるが、出典が不詳。結局、総司の佩刀は不明と言わざるをえない。

伊東甲子太郎の加入

池田屋事変後の近藤勇は、得意絶頂にある。永倉新八によると、また近藤勇の増長癖が出て、同志を家来のように扱い、専制を敷いたとする。

八月頃、『顚末記』によれば、副長助勤永倉新八・原田左之助・斎藤一、諸士調役島田魁・葛山《かつらやま》武八郎ら六人は、会津藩主松平容保に近藤勇の非行を訴え出たという。副長助勤（組頭）は、いずれも食客組である。

松平容保の斡旋で六人は、近藤勇と一応和解するのだが、その後に待っていたのは厳しい報復人事だった。

葛山武八郎は切腹処分、後日謹慎処分となった永倉新八は二番組頭を外される。原田左之助は小荷駄方へ廻される。島田魁には、平隊士へ降格処分が科せられる。

近藤勇・直門と食客組との溝は、この事件を機にさらに深まっていく。

同じ頃、多摩の新選組後援者は、禁門の変における近藤勇ら直門の安否情報が摑めず、だいぶやきもきしたらしい。

小島鹿之助らは、八月十二日に「近藤勇、土方歳造、山南啓助、小北惣二郎、井上源三郎」(『聴書』)の五人宛てに安否確認の書状を出したという。沖田姓が「小北」と書かれた珍しいケースである。

また同書には、二十三日に佐藤彦五郎から「沖田惣二郎兄よりの書状」などを添えた書状が届いたとある。一同無事の知らせである。総司が林太郎宛てに無事を伝えたのは間違いない。


九月五日、近藤勇は江戸に下る。

目的は、老中松前崇広《たかひろ》へ将軍再上洛を訴えることと新規隊士募集の二つである。それともう一つ、中風に倒れた養父周斎の見舞いもあったと思う。

同行したのは、松前藩出身の永倉新八(謹慎処分の前)、武田観柳斎、尾形俊太郎で、武田・尾形は学者である。

隊士の募集準備のため、傷が癒えた藤堂平助が一足先に江戸に下っている。

池田屋事変を体験した近藤勇には、「兵は東国に限り候」の思いが強烈にある。一騎当千の関東武士を集めて、新選組をスケールアップしたい、長州征伐に従軍して手柄を挙げたい——。

それが江戸での第一次募集の背景にある。一衆単位の募集であり、藤堂平助は元の師匠である北辰一刀流・伊東甲子太郎《かしたろう》を勧誘して同意を得る。

伊東一統の加入者は、伊東甲子太郎、実弟の三木三郎、篠原泰之進、加納鷲雄《わしお》ら数人で、慶応三年（一八六七）に新選組を離れて御陵衛士となるメンバーだ。ただし、彼らは最初から近藤勇と対立していたわけではなく、逆に友好関係にある。

伊東甲子太郎らが「油小路の変」で新選組によって暗殺された後、御陵衛士の生き残りは、それまでの親新選組から反新選組に転じたのが実態である。

さらに明治政府の世になると、生き残り組は過去に遡って、「当初より近藤とは別行動だった、京都では近藤と対立していた」と、自分たちの行動を正当化するために強く主張した。

実際、「対立」という先入観を取り去れば、近藤勇と伊東甲子太郎は共通点が多い。道場主の養子で撃剣師匠であること、道場を閉めて一統を率いて上洛したこと、妻を江戸に置いて上洛したこと、立身出世意欲があったこと、学問好きだったこと……。

試衛館滞在中の近藤勇を伊東甲子太郎が訪ねたとき、互いに東国武士だという強いシンパシーを覚えたのだと思う。

もう一つの「一衆募集」は天然理心流系で、直門の大石鍬次郎、大谷勇雄、横倉甚五郎、近藤芳助が加入し、その他流派からは安富才助らが加わる。

近藤勇の江戸到着を聞いた小島鹿之助らは、試衛館を訪れて話に花を咲かせる。九月三十日には、騎馬の近藤勇が日野宿を訪問して有力後援者と懇談を行う。

また、近藤勇は十月に幕府御典医《ごてんい》頭《がしら》松本良順を訪ねて、西洋文化の教えを乞う。松本良順は長崎で蘭学を学んだ人物だ。彼の感化を受けた近藤勇は攘夷派から開国派に転じ、松本良順も新選組の支援者となっていく（後述）。

この頃、「正義好き」（攘夷派）に対して「西洋好き」（開国派）という言葉があった。近藤勇は西洋好きだが、水戸学（尊王敬幕）の感化を受けた伊東甲子太郎は正義好き。その点だけは大いに異なる。

行軍録と軍中法度

近藤勇が新入隊士を伴って、十月二十七日に京都に到着すると、直ちに行軍録が作成される。新選組も長州征伐に従軍するという前提で、戦時態勢の進軍隊形、組織編成を策定したのである。総勢は六十七人。

策定にあたっては、壬生浪士組結成時の〈八番＋小荷駄雑具〉の九小隊制が踏襲される。役付は組織図のとおりである。

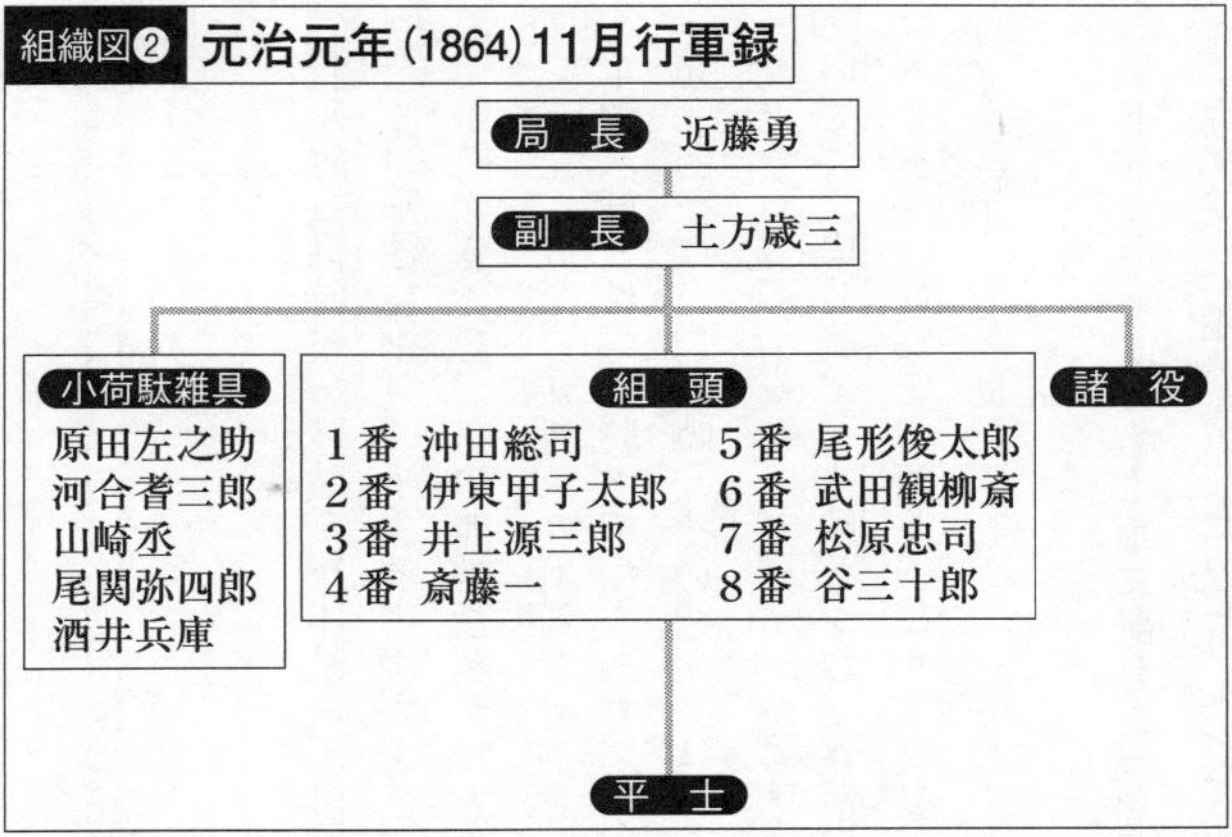

局長近藤勇だけが馬上の上士で、副長土方歳三以下は徒士の扱いだ。

新加入の伊東甲子太郎は、最初から「参謀」役に就いたのではなく、加入時は組頭で序列十三位からのスタートである。そのため、組頭数は従来の九人（九小隊制）から十人に増える。

本来、組頭以上の序列は、〈①局長近藤→②副長山南→③副長土方→④一番沖田→⑤二番永倉→⑥三番井上→⑦四番斎藤→⑧五番藤堂→⑨六番武田→⑩七番松原→⑪八番谷→⑫小荷駄原田→⑬伊東〉となるのだが、行軍録と比較すると異動が見られる。

その理由を記すと、副長山南は依然として療養中、本来の二番永倉は近藤批判のため謹慎中（伊東が代行）、本来の五番藤堂は隊士募集後も江戸滞在中（尾形が代行）。近藤批判のペナルティとして、序列を下げられた原田左之助は小荷駄に廻される。

とはいえ、直門の総司は序列四位の一番組頭に変わりはない。一番は総司以下六人で構成される。

行軍録と同時に、陣法と軍中法度も制定される。

行軍は陣法に則《のっと》り、一番沖田隊六人と四番斎藤隊六人が左右二列縦隊となり、左の当番沖田が敵の変化を、右の非番斎藤が味方の変化を確認する。以下、二番・五番、三番・六番と続き、七番・八番は大砲組で小荷駄が殿を務める。

軍中法度とは「戦時の掟」であり、十箇条からなる。代表的なものを二つ掲げよう。

①組頭討死に及び候時、その組衆（は）その場において戦死を遂ぐべし。もし臆病を構え、その虎口（危険な場所）逃れ来る輩これあるにおいては、斬罪、微罪、その品（品質）に随いてこれ申し渡すべく候。かねて覚悟、未練の働きこれなきよう相嗜むべき事。

②烈しき虎口において組頭のほか、屍骸引き退く事なさず。始終その場を逃げず、忠義を抽《ぬきん》ずべき事。（『異聞録』）

同じ法度といっても、前に記した「局中法度」（例：局を脱するを許さず）とはまるで書式が異なる。〈組長―平隊士〉といった表現も見当たらず、正しくは〈組頭―組衆〉なのである。

さらに、①の「組頭が死ねば、組衆も死ね」のフレーズは、「死生をともにする」という誓約の存在を示唆する。①の後半部分は、平時の脱走禁止と同様の概念であろう。

しかし、新選組は長州征伐に従軍することなく、行軍録や軍中法度は机上の案に終わる。幕府側諸藩兵の総攻撃を前にして、十一月中旬に長州藩が恭順したため、幕府が撤兵を命じたからだ。ただし、慶応二年に長州再征が実行される。

山南敬助の死

年が改まって元治二年（慶応元年、一八六五）一月二日。

二十四歳になった総司は「尚々、御一統様へ宜しく御伝声願い入り奉り候。新春の御吉慶、際限《さいげん》御座あるべからず御座候……」と、年賀状を小島鹿之助に送る。

二月二十二日、新選組を震撼させる事件が起こる。『顚末記』によれば、近藤勇との思想の違いなどから、副長山南敬助が脱走したのだ。

「（山南は）脱走をはかって江州（近江国、滋賀県）の大津まで落ち延びた。近藤はこれを聞くより心中ひそかに喜んで、山南が法令に背くの故《ゆえ》をもって、士道の上から切腹せしめんと、沖田総司をやって追跡せしめ、難なく山南を召し捕った」

これを参考にした『新選組始末記』は、後半部分を「沖田総司が馬で追いかけて、近江大津で、宿をとっていた山南を発見し、直ちに、これを壬生へつれ戻って、宿舎の前川方一室に檻禁した」とする。

また八木為三郎は、『壬生ばなし』で次のように語る。

「(隊士は)『山南先生は脱走したので、隊規により処断されたのだ』といっていましたが、自分達で新選組をこしらえておいて脱走するとも思えませんし、どうもおかしいことです」

八木老人が疑問を呈するように、実は「山南の脱走」は、『顚末記』と『壬生ばなし』に登場するだけで、他の史料では確認できていない。「総司の山南追跡」は『顚末記』のみの記述である。

そもそも山南敬助は、長期療養中で面会謝絶状態だった。その彼がどうやって大津まで行けたのか、彼の大津滞在を新選組はどうやって知ったのか……。

山南敬助の状態や行動はまったく判明しておらず、確実なのは翌二十三日に「切腹を遂げた」という事実だけである。

彼を知る小島鹿之助も、「故ありて昌宜(近藤)それ(山南)を自尽せしむ」(『両雄士伝』)と記すばかり——。

切腹理由として、「山南は勤王、近藤は佐幕」と思想が異なる、近藤が山南を疎外した、西本願寺への屯所移転問題などで山南は土方と対立した、といった諸説があるが、近藤直門で序列二位の副長を切腹させるほどの内容とは言い難い。

推測ではあるが、長期療養生活を送る山南敬助は、「名目だけの副長筆頭」と化した自身への苛立ちから自害を選択したのではなかろうか？

「物の役に立たない」という言葉があるが、「物」とは戦の意味だ。

職務に復帰できず、長州征伐に従軍できなければ、今の新選組では役に立たないのだ。他にも疎外、確執といった憤りを覚えるシーンはあったのだろうが、最大の理由は自分に対する憤りだと思う。その意味では「憤死」である。

だが、副長筆頭の自害をそのまま発表すれば、隊内に動揺が走るのは必至。そこで、試衛館以来の同志と相談した近藤・土方は、脱走による切腹処分と取り繕う。そうしなければ、隊士がさまざまな疑心を抱き、組織が持たなくなるからだ。

ただし、腹を切っても死にきれなかった山南敬助を、発見者が介錯した可能性はある。それが総司だと思う。『顚末記』では、切腹する山南敬助が「介錯は沖田総司に頼み……」と記すからだ。

実は総司自身も、三月二十一日付の書状で、山南敬助の死を佐藤彦五郎に伝えている。書状は江戸に下る土方歳三に託したようだ。

山南兄、去月二十六日死去仕り候あいだ、ついでをもって一寸《ちょっと》申し上げ候。

死亡日は二十三日が正しいのだが、それはさておき、ともに試衛館で修業し、多摩へ出稽古に行き、京都で新選組を結成した仲間の死を知らせるにしては、あまりに短い文章で死因すら書いていない。まして送付先の佐藤彦五郎は、終始、近藤直門の安否を気に懸けている後援者だ。

「ついでをもって」の表現もかなり微妙である。

そのニュアンスを率直に書くと、山南敬助の件はタブー。「山南の死は今の新選組にとって重要ではないので、詳しくは土方から直接聞いてほしい。自分は触れたくない」と、総司は思ったのではなかろうか……。

西本願寺の屯所

山南敬助の死と同時期に、新選組は西本願寺［下京区］への屯所移転を計画していた。三月一日付の書状で、土方歳三が「多人数に相成り候て、何分人数詰め兼ね候。これにより来る十日頃には西本願寺講堂と申す所へ旅宿替りに相成り候」と記すとおりである。

隊士の増加に伴って壬生の屯所が手狭になったこと、さらに砲術訓練の場を確保したいという思惑もある。

十日頃、壬生を引き払った新選組は、西本願寺の北集会所《しゅうえしょ》へ移る。

こうして上洛以来、二年間を過ごした壬生の地を離れるわけだが、八木邸や前川邸を長く借りた家賃を、挨拶に廻る近藤・土方は寸志として差し出す。八木家には五両。安い家賃だが、その金で酒樽を買った当主源之丞はお祝いとして届ける。

沖田総司が相変わらずのさのさして、無駄口をきいて歩いていましたが、父（源之丞）の顔を見ると、「八木さん、（近藤）先生がどうも顔から火が出るッていっていましたぜ」と、愉快そうに笑っていました。（『壬生ばなし』）

こういう諧謔趣味（ユーモア性）と喋り口調は、総司そのものなのだろう。

西本願寺屯所では、二百畳を敷きつめた広間をいくつかに仕切って隊士の部屋としたようだ。ところが、住環境で大きな問題が起こる。

移転から約三ヶ月過ぎた六月二十五日、新暦では八月十六日。真夏である。

平成二十六年（二〇一四）九月三日の新聞各紙の報道などによれば、土方歳三は西本願寺側に次のような窮状を訴える。

拝借している場所（北集会所）は広いのですが、多人数なので「当節は一畳一人ずつ位の割にて、炎暑の時節、誠々《まことまこと》にもって凌ぎ兼ね」、日が経つにつれ、病人なども出て来て、公用を勤めるのも難しくなっています。局中一統（隊士）からの申し立ても制止できません。（一部意訳、『西本願寺史料』）

そのため、別に五十畳ほどの阿弥陀堂を借りたい、と土方歳三は申し出る。

しかし、阿弥陀堂は差し障りがあるので、即日、寺側は北集会所などの板敷き部分に畳を敷き、南北の壁を取り払って風通しをよくする、といった対応策を講じる。

素早い対応への土方歳三の礼状（写し）も、西本願寺で発見された。なお、この北集会所は明治四年に解体移築され、現在は姫路市の本徳寺の本堂となっている。

さて、このような新屯所の住環境が、新選組幹部が「休息所」を設ける一因となったのではなかろうか？

休息所とは妾などを囲う私宅（妾宅）で、そこから幹部は西本願寺屯所へ出勤する。組頭以上だけに認められた特権で、平隊士などは屯所に寝泊まりする。

原田左之助の妻マサは、次のように語る。

「わたくしが原田左之助と一緒になりましたのは、西本願寺に移って間もなくの事で、……寺の近くの釜屋町七条下るに家を持ちました……。

（生活費は）月十両から十五両位のもので、その頃のことですから、これだけでも充分贅沢なくらしは出来たのですが、その上、三度の食事は共同の炊き出し（新選組の賄方）で配ってくれましたので、大変らくな暮らしでした」

「近藤勇先生は、屯所の近くの、木津屋橋近所に妾がありました」（『新選組遺聞』）

屯所から三度の食事を運べ、緊急出動時に連絡できる場所となると、西本願寺付近か、勝手を知る壬生界隈しかない。近藤勇は西本願寺近くに妾宅を構え、土方歳三にも妾宅はあったようだ。

とすれば、総司に休息所があって不思議ではない。改めて触れるが、慶応三年四月に没する「沖田氏縁者」とは、そこで彼と過ごした女性だと思う。

話を屯所移転直後に戻すと、三月下旬に土方歳三は、斎藤一と伊東甲子太郎を伴って江戸に下る。第二次隊士募集のためで、到着は四月五日。

そのとき、総司は土方歳三に佐藤彦五郎宛ての書状を託したようだ。

小子（総司）儀始め、京都詰合（の）士一同、罷り暮らし候あいだ、……御安意下さるべく候。

ついてはこのたび、土方君初めほか両三人、東下仕り候あいだ、同道にて御機嫌伺い方々東下致し候はずに候えども、京都にても諸事身分相応に御用向き繁多にて、残念ながら帰府（江戸御府内に帰ること）致し兼ね候あいだ、詳しくは土兄（土方）よりお聞き取りの程、願い奉り候。

この書状の末尾に「山南死去」が書かれるのだが、土方歳三とともに東下できない理由として、総司は御用向き繁多（職務多忙）を挙げる。

そして追伸として、彼は「稽古場の儀は宜しく願い奉り候」と記す。近藤一統の留守中は、佐藤彦五郎が天然理心流を預かっているからだ。

懐かしい道場を思い出しながら、総司は筆を執ったのだろう。結局、近藤直門の中で、死去した山南敬助を除けば、東下しなかったのは総司だけである。

ちなみに、この『総司書状』は「佐　彦五郎」宛てで、文中には「土兄」とある。これは中国風の一字姓を用いたものだ。たとえば剣豪大名・柳生但馬守宗矩の中国風表記は「柳　但州」となり、実際にそれが使用されている。

御典医頭松本良順

江戸での第二次新入隊士を引率して、土方歳三は五月十日に西本願寺屯所に戻る。同時期に新選組は京坂での募集もしており、隊士数は約百四十人にまで増加する。

募集の目的は、再び尊攘急進派が実権を握った長州藩を成敗すること。すなわち、長州再征への新選組従軍であり、すでに幕府は長州再征へ向けて動き出している。

その頃、「新選組惣名前」を見たいという将軍家茂の希望もあって、新たな名簿が作成される。五月の『取調日記』（諸士調役山崎丞の名簿）と七月頃の『英名録』（平隊士島田魁の名簿）であり、両名簿の上位十八人（諸士調役以上）の序列は完全に一致する。

①局長近藤勇、②副長土方歳三、③組頭沖田総司、④永倉新八、⑤井上源三郎、⑥藤堂平助、⑦原田左之助、⑧斎藤一、⑨武田観柳斎、⑩谷三十郎、⑪伊東甲子太郎、⑫諸士調役山崎丞、⑬林信太郎、⑭尾関雅次郎、⑮服部武雄、⑯芦谷昇、⑰篠原泰之進、⑱三木三郎

山南死亡に伴って、総司の序列は一つ上がり三位となるが、前に書いたとおり、①〜⑤

の序列自体は不動である。ここで上位十八人を仕分けしてみよう。

○直門組：①近藤、②土方、③沖田、⑤井上
○食客組：④永倉、⑥藤堂、⑦原田、⑧斎藤
○近藤シンパ：⑨武田、⑩谷、⑫山崎
○伊東一統：⑪伊東、⑮服部、⑰篠原、⑱三木
○その他：⑬林、⑭尾関、⑯芦谷

壬生浪士組結成者は①〜⑧の八人だから、依然として「近藤直門優遇、食客組冷遇」に変わりはない。

下位とはいえ、伊東一統がそれなりに処遇されたのは、やはり近藤シンパだったからであろう。なお、前回十三位の伊東甲子太郎が十一位にアップしたのは、山南死亡と不祥事を起こした組頭松原忠司が平隊士に降格されたためだ。

江戸での第二次募集で、近藤勇の従弟にあたる宮川信吉（二十三歳）も加入した。

彼は文久二年十二月に天然理心流に入門したが、翌文久三年二月には近藤一統は上洛してしまう。以来、新選組への加盟を強く希望していた。

宮川信吉の配属は一番。一番組頭は総司である。というのも、かつて「借金の使い」に

行った宮川分家・弥五郎の次男だったからだ。現代でもありそうな人事である。ちなみに一番には、他に谷万太郎や阿部十郎らがいる。

七月四日に総司は、宮川音五郎（勇の長兄）宛てに残暑見舞いを書く。その中に次の一節がある。

「宮川信吉公は、我が同組にて無事罷りあり候あいだ、御分家様の方へも心配なく遊ばされ候よう、一寸申し上げ候」

入隊した宮川信吉の無事を、総司は本家経由で分家に伝えようとしたのだ。きめ細やかな気配りといっていい。

その手紙の最後には「関田君方へもよろしく伝声下され候。なおなお柳町方も宜しく願い奉り候」とある。まず「関田君」は、多摩郡常久村［東京都府中市］名主の子の関田庄太郎のことで、天然理心流の門人だ。彼は総司や宮川信吉と親しかった。次の「柳町」とは、留守宅の試衛館のことである。

一方、翌八月になって宮川信吉も、土方歳三の実兄宛てに「僕、相変りなく同志罷りあり候」と消息を伝える。このような形で、京都と多摩を結ぶ天然理心流ファミリーに、彼も加わったことが窺える。

第一次募集の大石鍬次郎、横倉甚五郎、第二次募集の宮川信吉は新参者だが、次第に近藤直門の一画を担い始める。油小路の変で、伊東甲子太郎を暗殺するのは彼らである。

正確な時期は不明だが、八月頃に幕府御典医頭松本良順が西本願寺屯所を訪れる。将軍家茂の上洛に随行してきた彼は、近藤勇と親交がある。

屯所内を近藤・土方が案内すると、刀を磨く者や鎖帷子を綴る者に交じって、横臥する者や裸体の者も多く見受けられた。隊士の三分の一が骨折や食傷などの傷病人で、そのまま放置されていたのだ、
驚いた松本良順の指示で、急遽、土方歳三が屯所内に病室と浴場を設置する。西本願寺との折衝もそうだが、迅速な対応は土方歳三の独壇場である。

大半の隊士は、松本良順と弟子の治療で回復するのだが、「難患は心臓肥大と肺結核の二人のみ」（『蘭疇《らんちゅう》』）。

どちらの病気かはわからないが、罹患者の一人は勘定方尾関弥四郎と思われ、大坂で病気療養後、同年十一月に病死を遂げる。彼の場合は、徐隊措置が取られたようだ。現代風にいえば、話し合いによる退社であって無断（脱走）ではない。

仮に総司がもう一人の罹患者（肺結核）とすれば、近藤・土方は総司に徐隊を命じ、江戸で療養させたのではなかろうか？

やはり、総司の発病は慶応三年二月のことだと思う。

井上源三郎は、九月二十二日付の兄松五郎宛ての書状で、「京都の御儀は、局中（近藤）

先生始め、土方・沖田・永倉・武田（観柳斎）・藤堂・斎藤、その外一統皆無事に相勤めおり候」と、総司を含めた近藤一統の無事を伝えている。

長州再征

長州再征への従軍を熱望する新選組は、九月に第二次行軍録を策定する。前年十一月の第一次行軍録（六十七人）と比べれば、隊士数が倍増しているので、今回、姓名が書かれたのは、局長・副長（両長）と組頭九人のみである。

最大の特徴は、大銃、小銃、槍という武器単位の三グループ・六番編成となった点で、新選組は戦時態勢下における洋式部隊を志向している（組織図参照）。

一番組頭の総司は小銃頭に就く。

とはいえ、どこまで洋式化の実態が伴ったのだろうか？　なぜならば、軍奉行に就いた伊東・武田は攘夷論者で、「西洋不服の徒」とされるからだ。

要は徹底した西洋嫌い。銃に触れるのさえ嫌がったという。特に武田観柳斎は、甲州流の軍学者だ。戦国時代ならいざしらず、彼に洋式訓練ができるはずがない。

小銃の場合、指揮官の号令で小隊ごとに散開して銃を構える。これを撤兵《さっぺい》という。その前に運動訓練として、「直れ、右へ向け……」といった号令に合わせて動く必要があるが、訓練を受ける者はなかなか上手にできなかったらしい。

特に武士は袴姿で草履履き。腰には脇差を差すので、動きが悪い。指揮官はそこから矯正しなければならない。ついでながら、現在は左右の腕を振って歩くが、この歩き方も右の運動訓練の一つで、明治以後に定着したものだ。

洋式化が遅れた会津藩は、後の鳥羽伏見の戦いで薩長軍に惨敗を喫する。新選組も同様である。そういう実情を鑑みれば、総司の小銃頭は名目だけと思われる。

十月十八日、朝廷から長州再征の勅許を得た将軍家茂は、長州藩の実情と最終的な意向を確認するべく、訊問使として幕府大目付の永井尚志《なおゆき》らの派遣を決める。

前回と同様に長州藩が恭順すれば、幕府は諸藩兵を動員しないで済む。膨大な戦費が、幕府と諸藩の財政を蝕《むしば》んでいるからだ。

その四日後、総司は肥後藩京都藩邸の周旋方上田久兵衛を訪問する。藩邸は壬生にあり、周旋方とは京都駐在の外交官のことだ。

「二十二日　新選組武田観柳、伊東甲子、沖田総司来る」(『日録』)

これだけの記事で訪問目的も書かれていないが、上田久兵衛から長州藩に関する情報を入手したと思われる。間もなく軍奉行の武田・伊東は、近藤勇に随って広島に下るからである。ただし、総司の役割はわからない。

組織図③ 慶応元年(1865) 9月　第二次行軍録

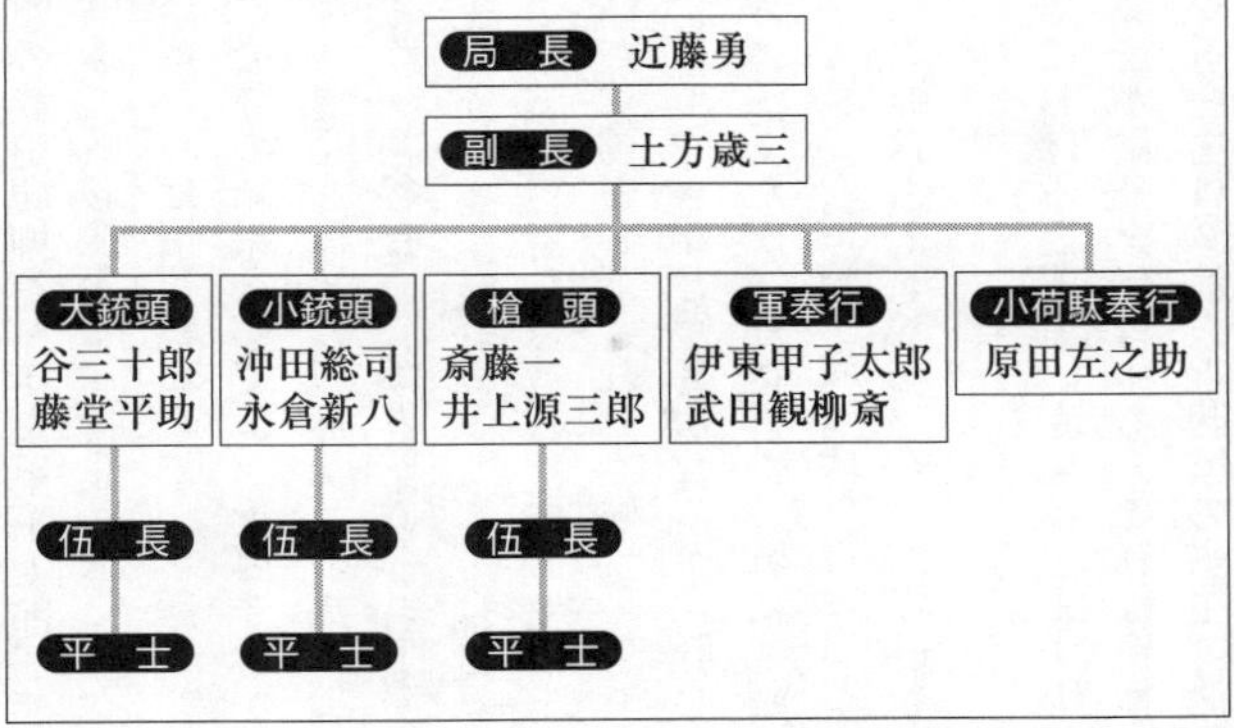

さて、訊問使の永井尚志は前京都東町奉行だったので、近藤勇と非常に親しい間柄にある。その剣術の稽古は、近藤勇がつけたという。また永井尚志は、鳥羽伏見の戦いを前にした新選組を、後年、「常に随附して離れず。頗《すこぶ》る情誼《じょうぎ》深かり」（『史談会速記録』）と回顧するほどだ。情誼とは、「人情と誠意」のことである。

永井尚志は旗本永井能登守の養子で、永井家の本家は美濃国加納藩主・永井肥前守直服《なおこと》だ。総司とも関係する人物なので、詳しくは第四章で述べたい。

その永井尚志に随行して、近藤勇は広島に出張する。当時の表現では、「広島御用として発向」（『土方歳三書状』）となる。

広島が長州藩との会談場所であり、十一月四日、近藤勇は八人の隊士を引き連れる。

組頭の武田観柳斎・伊東甲子太郎、諸士調役（監察）の山崎丞・吉村貫一郎・芦谷昇・新井忠雄・尾形俊太郎・服部武雄である。

会談はいわば情報戦なので、新選組で情報分析や探索活動に携わる隊士を総動員する。さらに会談の結果次第では、近藤一行が敵国の長州藩内まで入り込むケースもある。

決死の覚悟を固めた近藤勇は、馬上で遺書めいた書状を認める。宛先は佐藤彦五郎、小島鹿之助、粕谷良循（土方の実兄）である。

「馬上ながら啓上致し候。……下拙（私）事、大小監察（訊問使）付き添いにて広島まで出張……誠に容易ならざる次第、尤《もっと》も土方、沖田初め皆々一同、京師（京都）に罷りあり候あいだ、御安心下されべく候」

まずは用向きなどが書かれるが、肝心なのは追伸部分。これが、近藤勇がどうしても義兄弟らに伝えたかった遺言だ。特に「剣流名」、天然理心流の後継者の件である。

「小子（私）の宿願、歳三氏へ得と申し置き候……剣流名、沖田へ相譲り申したく、この段宜しく御心添え下されたく、この辺も当時（現在）御他言御断り申し上げげ候」

京都における近藤勇の立場は、まず①新選組局長だ。もし万が一の場合は、序列二位の土方歳三が局長を代行する。これは至極当然な話だ。

次に近藤勇は②浪人近藤家の当主。池田屋事変以来、新選組隊士の幕臣取り立てが取り沙汰されているが、二度の長州征伐もあって実現するのは慶応三年のこと。とはいえ、訊問使随行に見られるように、実態は幕臣である。

会談の席で、永井尚志は長州藩に近藤勇以下四人の入国要請を行った際、永井家来として「給人近藤、近習武田、中小姓伊東、徒士尾形」（『防長回天史』）と伝えた。

藩士の身分でいえば、〈上士・局長近藤―中士・組頭武田、伊東―徒士・調役尾形〉に相当する。上士として遇されたので、近藤勇は馬に乗れたのである。

一方で、江戸における近藤勇は③天然理心流宗家（試衛館道場主）だ。

前年六月の池田屋事変の直後、四代目近藤勇は養子周平に②・③を継がせる、と江戸・多摩関係者に伝えた。近藤家代々に見られるとおり、②・③は不即不離の関係にある。

しかし、幕臣登用の話が進行中、周平の得意は槍術、夫婦養子の失敗、周平の身持ち（女性関係）の悪さなどの理由から、次第に近藤勇は、②と③を分離して考えるようになったと思われる。しかも、養父周斎は長らく病床にある。

近藤勇が出した結論が、〈②＝周平、③＝総司〉。

天然理心流五代目は、周平を断念して総司に継がせる――。これであれば、近藤周斎も関係者一同も納得する。

佐藤彦五郎ら三人へ報告する前に、近藤勇は「遺言」を土方歳三と総司には伝えたと思う。常に稽古場を気に懸ける総司にとっては、望外の喜びだったのではなかろうか？

近藤勇と比べれば、総司にはあまり出世意欲が感じられないから、なおさらだろう。

そして後継者指名は、まだ総司が発病していない証左といえる。万事抜かりのない近藤勇が、重病人を跡目に決めるはずがないからだ。

近藤勇が出張する直前の十一月二日、土方歳三は近藤周斎や佐藤彦五郎らに、「土方、沖田、井上、大石（鍬次郎）、宮川（信吉）、右等は留守宅相守りおり候」と書き送る。

近藤勇の出張中、直門は団結して屯所を守る、という決意表明である。

しかし、近藤勇は特段の成果を挙げることができず、年末に京都に戻る。

新選組の内部情報

年が明けて慶応二年（一八六六）一月三日、総司は小島鹿之助宛てに、「新春の御吉慶……」と、例年と同様の年賀状を記す。

同月二十八日、病み上がりの宮川信吉も宮川本家の音五郎宛てに年賀を奉じ、近藤勇の広島再出張（一月二十七日出発）などを報告する。

それとともに、「局中、沖田・井上・土方三君も無事にて新春を相迎え候」と記す。「君」は敬称である。宮川信吉は序列に拘っておらず、総司と親密だった雰囲気が窺える。

新選組に、柳田《やなだ》三次郎という柔術が得意な年配の隊士がいた。自殺を遂げた元組頭松原忠司の門人で、碁を好んだが、彼は碁仲間に新選組の内部情報を洩らす。その内容が、一月二十八日の記事として伝えられる。

「新選組の頭取は近藤勇という。その外に副将一人、頭分四人あり、他出の節は右六人だけは騎馬なり。一人分月に二十五両金を給わる。この後、静謐《せいひつ》（平和）になりければ、新屋敷一ヶ所取り建て、永世相続の相成るべく様内命もこれあり由」（『村田氏京師巷談』）

まず序列上位六人は、隊内では上士待遇で騎馬を認められる。『新選組金談一件』にも、「（屯所では）馬の四、五疋くらいも飼い置き」という記述がある。

序列順に「①局長近藤、②副長土方、③組頭沖田、④永倉、⑤井上」は、間違いなく馬上身分だ。残る一人は食客組と思われるが、少なくとも総司は外出時には馬で出掛けた。

どこまで本人が喜んだかは別として、足軽の家に生れた者が馬上身分（上士）になるのは、一大出世といっていい。

次に俸給の月二十五両は、『新選組金談一件』の組頭以上十両と大きく乖離するが、柳田談話には別の手当を含んでいる可能性がある。

そして、これからの処遇の噂である。

今までの屯所（旅宿）ではなく、自前の屋敷を新築する。それと永世相続の幕臣取り立ての話が、すでに慶応二年初めに出ていたのだ。

どちらも実現するのは、翌慶応三年（一八六七）のこと。自前の屋敷が不動堂村屯所である。

また、幕臣にも世襲の「御譜代席」と一代限りの「御抱席」という身分格差があり、永世相続とは御家代々の前者を指す。新選組隊士にとって、譜代の御家人も夢ではない。

柳田三次郎は、「折々、心得違いの士あり、割腹の事たびたびこれあり、決して世間に知らせず」（前掲書）とも語る。

掟を破って切腹処分となった者のことは、外部に洩らさない――。

それも新選組の掟、方針だった。山南敬助や不祥事を起こした者に関する外部情報が皆無に近いのも、そのためであろう。

剣術師範頭

会津藩は、新選組を「規律厳粛、士気勇悍（敢）、水火と雖《いえど》も辞せず」（『京都守護職始末』）と高く評価した。その前提になるのが、掟と日頃の武芸鍛錬である。

前年三月に西本願寺屯所に移転したとき、新選組は壬生にあった稽古場文武館を移築した。そこで隊士は稽古に励んだわけだが、西村兼文の『新撰組始末記』に「武芸の師範を定めた」という時期不詳の記事が載る。

撃剣、柔術、文学、砲術、槍術の五ジャンルで、撃剣師範頭として「沖田、池田（小太郎）、永倉、田中（虎三）、新井（忠雄）、吉村（貫一郎）、斎藤」と、同書は姓のみを記す。ちなみに、前出の柳田（梁田）三次郎も柔術師範に名を連ねる。

実は、新選組の「師範制度」について記した史料は他にない。

わずかに『芳助書翰』が、撃剣教授と撃剣心得という職制があったと伝えるだけだ。同書翰に書かれた人物で、唯一『新撰組始末記』の撃剣師範頭と合致するのが池田小太郎であり、「剣術に達し、教授心得」と記される。

また、新選組とほぼ同様の組織である江戸の新徴組には、「剣術教授方、同世話方、槍術教授方、同世話方、柔術教授方、文学教授方」が各々数人ずついた。世話方とは助教授のことで、三田村鳶魚は剣術教授方の役金（役手当）は金十両と記す。

とすれば、「剣術と撃剣、師範と教授、心得と世話方」といった名称の違いこそあれ、新選組にも剣術師範制度そのものは存在した可能性が高い。

総司は、その筆頭格だったと思われる。月十両の基本給に役金十両を加えれば、柳田談話の金額二十五両に近づく。

では、『新撰組始末記』に載る「沖田、永倉、斎藤」の中で、誰が最も強かったのか？

新選組の三強の腕比べである。後に御陵衛士となる阿部十郎は、次のように語る。

高弟には沖田総司、これがまあ勇の一弟子で、なかなかよく使いました。その次は斎藤一と申します。それからこれは派が違いまするけれども、永倉新八という者がおりました。この者は沖田よりはチト稽古が進んでおりました。(『史談会速記録』)

総司は天然理心流、永倉新八は神道無念流なので、たしかに流派は違う。したがって阿部談話に従えば、腕前は〈永倉→沖田→斎藤〉の順となる。

別途、阿部十郎には以下の談話もある。

「近藤の高弟の沖田総司、大石鍬次郎という者が、誠に惨酷(残酷)な人間でございまして、もとより国家朝廷あることを知らぬようなもので、ただ腕が利くだけで剣術はよく使いました」(『史談会速記録』)

阿部十郎が総司を敵視する理由は後述するが、腕だけは認めている。

その他に、次の評がある。

「(総司は)近藤秘蔵の部下にして、隊中第一等の剣客なり」(『新撰組始末記』)

「沖田氏はひどく賑やかな剣術で、その上、笑談ばかりいっていました」(『新選組聞書』)

「勇門下の随一人　免許皆伝者」(『新選組始末記』)

第三者の評は少ないが、阿部十郎が最強とする永倉新八は、「(総司は)後年に名を残した剣道の達人」（『顚末記』）と記しており、三者の腕は拮抗していたと思う。

三浦敬之助の脱走

二年前、禁門の変の頃に入隊した三浦敬之助が脱走したのは、七月初めのこと。

彼は信州松代藩士の洋学者佐久間象山の遺児で、父の仇討を目的として加入したが、次第に「隊士の粗暴を見慣い、荒々しき行状をなす」（『新撰組始末記』）。

しかし、勝海舟の甥にして近藤勇が預かる「客員」なので、乱暴狼藉はそのままにされた。屯所の前で猪肉を売る女に難癖をつけて、首を刎ねたという話もある。

三浦敬之助は、短気、我儘、乱暴、そして大酒飲み。

以下は、子母澤寛の『象山の伜』（『新選組遺聞』所収）だけが伝えるエピソードだ。

ある日、西本願寺屯所の大部屋で隊士達が刀剣談に花を咲かせていると、三浦敬之助が話の輪に加わり、自分も近藤勇のような長い脇差を探していると喋り出す。

それを大坂出身の隊士（姓名不詳）が、「君なんか刀の吟味より、腕の方が先だな」と冷やかすと、「何を！」と気色ばんだ三浦敬之助はその場から消える。

しばらくして、その大坂浪人が土方歳三と総司が打つ碁を傍で見物していると、突然、三浦敬之助が背中から大坂浪人に斬り掛かる。

大坂浪人は軽傷で済んだものの、大騒ぎになる。土方歳三も総司もひどく腹を立て、三浦敬之助の襟首をつかんで畳に押し付け、理由を問いただすと、腕が鈍いといわれた仕返しだという。

「沖田は大口開《あ》いて、笑って、『鈍いのが本当じゃァねえか、このざまは何んだ何んだ』といった」

以降も三浦敬之助の素行は直らず、諸士調役芦谷昇と懇意にして狼藉の限りを尽くしたので、総司から二度、三度斬られそうになる。

ある日の夕方、「沖田が、『三浦君、どこかへお供したいな』と笑談（冗談）をいった。急に顔色を真青にしていたが、これは誘い出されて斬られるものと思ったらしく、その夜更けに、芦谷昇と二人、遂に新選組を脱走して故郷の信州松本へ落ちてしまった」――。

裏付史料がなく、真偽のほどはわからないが、総司らしい伝法な口調が聞ける話だ。

しかし、三浦・芦谷の脱走は事実である。

七月初めに局を脱した三浦・芦谷は、松本経由で松代藩へ向かう。十九日に信州塩尻の宿屋で、嶋原喜太治郎と変名した三浦敬之助が酒を飲み、喧嘩する姿が目撃される。

さらに博徒とトラブルを起こしたりしながら、ようやく松代藩［長野県長野市］に着いた彼は、旧名の佐久間恪次郎《かくじろう》を名乗るが、ここでも粗暴が止まないので身柄を拘束される。

しかし、戊辰戦争が起こると、官軍に属した彼は手柄を挙げたため、家名再興が認められる。それでも藩を批判して暴れまくるので、心配した伯父の勝海舟が引き取って、明治四年に慶応義塾に入学させる。寄宿先は福沢諭吉宅だ。

佐久間恪《いそし》と改名した彼は、明治六年に妻帯して司法省に出仕するが、泥酔して警官に暴行を働く。そのため、愛媛県松山市の裁判所判事に転勤して、妾との間に子供を儲けるが、明治十年に三十歳で急逝する。死因は料理屋で食べた鰻の中毒死とも、酒を飲んで暴れて料理屋の池に落ちたとも伝わる。

十七歳の頃から酒に溺れ、生涯、乱暴を働き続けた男の末路がここにある。

新選組が三浦敬之助を追跡した記録はないが、慶応二年六月、商家の妻に乱暴した隊士二人や脱走隊士などを召し捕って切腹処分にする。

酒井兵庫殺害

六月、諸藩兵を動員した幕府は長州再征に踏み切るが、一月に薩長同盟を結んだ薩摩藩が出兵を拒否したため、幕府軍は長州藩洋式部隊の前に惨敗する。

結局、新選組は二度の長州征伐に従軍できずに終わったが、長州再征に失敗した幕府の威光は地に落ちる。追い打ちを懸けるように、七月に十四代将軍家茂が死去する。幕府が洋式化への軍制改革に着手するのは、これ以降である。

九月、近藤・土方は、京都の三井両替店に千両の借用と新選組御用達を打診する。その四ヶ月間におよぶ折衝内容を、三井両替店の番頭《ばんとう》が詳細に記録したのが『新選組金談一件』である。

穏便に断りたい番頭は、西本願寺の寺侍西村兼文（『新撰組始末記』の著者）の斡旋で、伊東一統の三木三郎と篠原泰之進に両長（近藤・土方）への執りなしを依頼する。それが功を奏して、両長は金談を見合わせる。

総司とは直接関係ないので、金談の顚末は省略するが、この『新選組金談一件』には、慶応二年の新選組に関する重要な情報が載せられている。

俸給については前に書いたので、それ以外を掲げよう。

○武士道専要

番頭を呼び出した両長は、「六条（西本願寺）の足軽と思われたくない」（意訳）ので金談を取り止めると伝える。言い換えれば、我々は武士だという点を強調したのだ。

両長の日頃のモットーは「武士道専要」と、番頭は記録する。『新選組始末記』の局中法度「武士道に背くまじき事」を連想させるフレーズだ。

では、武士道とは何か？

三田村鳶魚の『武家の生活』によれば、「男の道」が武士道となり、その本質は「義理」だとする。近藤・土方が理想とした武士道は、私は義理と誠（忠誠）だと思う。

右のケースでいえば、金談取り止めを約束したからには、必ず守る——。武士に二言はないからだ。それと同様の観点に立てば、「いったん武士が加盟を誓約したら、脱隊は認めない」となる。

○組織人事

伊東甲子太郎は、九月までにナンバー3ポストの「参謀」に就く。新しい序列は、〈①局長近藤→②副長土方→③参謀伊東→④組頭沖田〉。

序列十一位の組頭から一気に昇進して総司を飛び越したわけで、永倉新八は「前例のない破格の優遇」（『顚末記』）と記す。これは近藤勇が伊東甲子太郎を取り立てたもので、参謀とは諸士調役（監察）を統括するポストと思われる。

それまでは、土方歳三が組頭・諸士調役・勘定方のすべてを管轄していたが、時勢を見極めた近藤勇は、諸士調役の「情報収集機能」を別建てにして、伊東甲子太郎に託したのだ。土方歳三には、新選組の洋式部隊化という重要命題がある。

この厚遇を伊東甲子太郎が感謝しないはずがない。

実弟の三木三郎も、序列十八位の諸士調役から十一位の組頭に昇進する。具体的にいえば、俸給が月額二両から十両へと大幅にアップしたのだ。

意外に思うかもしれないが、西本願寺が北集会所の避暑対策を講じた際、土方歳三の代理で、御礼に参上したのは諸士調役三木三郎だ。そういう面でも、伊東一統は近藤・土方に取り入って汗を流したのである。

○組頭の編成

「組頭　助勤とも。一番隊より八番隊までこれあり、一組十人の由」と同書は明記し、他の職制として目付調役（諸士調役）、勘定役（戦時の小荷駄方）を挙げる。

新選組の〈八番＋小荷駄〉編成を裏付ける記録であり、一番組頭沖田総司は「一番隊長」とも呼ばれたようだ。

○隊士情報

個別情報として、同書に二つ記録される。

十月に出走（脱走）した組頭武田観柳斎は、その後、新選組に召し捕られて殺害された。

また、勘定役の「酒井氏、同月（十月）暇相成り候由《よし》」。

勘定役酒井兵庫を斬ったのは総司――。

『新撰組始末記』だけが伝える話である。

酒井兵庫は池田屋事変にも参戦した古参隊士で、平時は勘定方、戦時は小荷駄を務めた。

右の記事では、十月に新選組を暇とするが、『新撰組始末記』は脱走とする。

「（酒井は）近頃、この隊（新選組）厳酷たる処置をもって殺害せらる者多きを怖れ、隊を脱し、摂州（摂津国、大阪府）住吉の神職某の許に潜匿したる」

その頃、新選組では掟に触れて切腹する者が多かった。酒井兵庫は、寺に遺体の埋葬を依頼する「頼越人《たのみこし》」を勤めたこともあり、恐怖のあまり脱走する。

探索の結果、総司以下数人の隊士が酒井兵庫の潜伏場所を襲い、「薩摩藩士に内通した」という理由を立てて、引き出した彼を斬り伏せる。

総司らは、死んだと思って立ち去るが、重傷ながらも酒井兵庫は命を取り留める。しかし、手当の最中に、自分の体の数ヶ所の刀傷を見ると、再び倒れて絶命した。

現代でいうショック死を遂げたわけだが、酒井兵庫には墓がなく、死亡日や死亡場所などは不明である。

実際、本当に総司が殺したのか、どうかもわからない。

というのも、『新選組金談一件』が記す「暇」であれば、徐隊（円満退社）なので、通常、殺害されることはないからだ。事実として病気、洋行、武芸不向きなどの理由で、徐隊した隊士は何人かいる。

酒井兵庫の場合は、徐隊か、脱走かの結論は出ないが、総司が関係した事件として挙げておきたい。

四条橋の乱闘

年が改まり、慶応三年（一八六七）一月六日、土方歳三は小島鹿之助らに宛てた年賀状で、「在京一統無事、御安意下され候」と記す。

十日には、二十六歳となった総司も小島鹿之助らに年賀状を記す。上洛して四度目の正月のせいか、少し文面を変えて「改年（の）御吉慶目出度く申し籠め候。……ついては小子（総司）儀も無事罷りあり、憚りながら御安意下らなさるべく候」と、無事を報告する。

追伸には、「稽古場（の）儀は御一同様にも宜しく願い上げ奉り候」と記す。総司の江戸での関心事は、試衛館ばかりである。

その三日前のこと。

七日に総司・永倉新八・斎藤一の三人と、土佐浪人の那須盛馬と十津川郷士中井庄五郎が、四条橋畔で斬り合ったという話がある。中井庄五郎は居合いの達人だ。なお、事件を記す『新撰組始末記』では、時期がハッキリしない。

酒を飲んだ帰り道、那須・中井は四条橋で新選組の三人と出会う。すると、三人はやにわに抜刀して斬り掛かる。那須・中井は応戦するが、総司・永倉は那須の肩と足に深手を負わせ、斎藤は中井を追いつめる——。

那須盛馬の同志田中光顕の『維新風雲回顧録』にも、「那須は、沖田と長倉（永倉）の二人にはさみ撃ちにされて、危なくなる」と、同様の話が記される。

那須本人の手紙には、「七日夕方に、四条橋で三人と斬り合った。二人を斬ったが、自分は肩と足を斬られて難儀している」（意訳）とあるが、日付だけで慶応三年一月のことか、どうかは不明。また、相手が新選組とも書いておらず、乱闘の模様も異なる。

そもそも新選組の方から、無闇に刀を抜くことはない。不審者であれば、召し捕りが先である。まして幕府側は、土佐藩を公武合体派に引き留めようと必死の頃だ。事を荒立てる必要は、まったくない。

当時、不逞浪士と幕府の見廻り組織が衝突すると、相手がわからないまま、不逞浪士は「新選組だ」と吹聴するケースがあったらしい。

実際に那須・中井が斬り結んだ相手も不明だったが、自慢めいた話に仕立て、「敵は新選組の三強」とした。そういう次元の虚構と思われる。『新選組始末記』には、傷がだいぶ癒えた那須盛馬が、田中光顕に「肩の深手を出して見せて、『これを見ろ』と自慢した」という話も載る。

永倉新八は、『顚末記』によると、一月一日から参謀伊東甲子太郎と斎藤一と島原の角屋で飲み続け、四日に帰隊しなかったため、近藤勇から十日までの謹慎処分を受けたという。とすれば、四条橋の乱闘は物理的にもありえない話となる。

年賀状で無事を伝えたにもかかわらず、翌二月、総司は肺結核を発病する。

「丁卯二月罹疾」（『両雄士伝』）――。丁卯とは慶応三年の干支である。

その頃、肺結核は労咳《ろうがい》といわれ、不治の病とされた。確たる治療法もなく、空気の綺麗な場所で安静にして、滋養物を摂るくらいしかない。

病気の件を、総司自身が多摩の宮川音五郎に伝えるのは十一月になってからである。

御陵衛士の分離

一月十三日、参謀伊東甲子太郎と諸士調役新井忠雄は、幕府大目付の永井玄蕃頭《げんばのかみ》尚志が仕立てた船に同乗して兵庫から九州に向かう。

「兵庫の旅店に宿り、玄蕃ぬしに逢い参らせ、くさぐさの物がたりいたす」と、伊東甲子太郎の『九州行道中記』にある。この「玄蕃ぬし」が、主人の永井玄蕃頭尚志だ。

この九州出張は、近藤勇が命じた討幕派・九州勤王党の探索と思われる。

実際、二月初めに伊東甲子太郎の訪問を受けた九州勤王党は、「新選組の間者ではないか」と疑うが、彼は「局異論分離の言にて聊《いささ》か嫌疑を解く」（『九州行道中記』）と記す。討幕派からの疑いを避けるためのカモフラージュ、それが「新選組分離」である。

三月十日、伊東一統の十数人は新選組を離れ、前年十二月に崩御した孝明天皇の墓（御陵）を警衛する「御陵衛士《ごりょうえじ》」となる。墓はこれから建設されるので、新陵守衛などとも呼ばれ、幕府の山陵奉行の支配下に入る。身分は浪人である。

参謀伊東甲子太郎に随ったのは、組頭斎藤一・三木三郎、諸士調役服部武雄・新井忠雄・篠原泰之進、平士加納鷲雄・内海次郎・阿部十郎・橋本会助らで、後から組頭藤堂平助、平士清原清（武川直枝）らが合流する。

通説では、御陵衛士を「尊王討幕に邁進したい伊東一統が、新陵守衛の大義名分を得て、佐幕派の新選組から分離した組織」とする。

しかし、分離はあくまでも表面上の偽装であって、御陵衛士の実態は新選組の協力機関・探索活動の別働隊だったと思われる。なぜならば、四条橋の乱闘にも見られるように、新選組は佐幕派の代名詞と化し、討幕派に関する情報探索が限界に来ていたからだ。

そこで諸士調役（監察）を統括する伊東甲子太郎は、職務を遂行するために、近藤勇にスピンアウトを申し出る。

大抜擢された伊東甲子太郎は、近藤勇に「義」を覚えこそすれ、裏切ることはない。

永倉新八が、「(伊東兄弟は) 近藤勇に向かい、このたび薩長へ奸者(間者) に入り込むに付き、局におりては不都合、それ故に別局に相成りたき趣を近藤に相談いたす」(『報国記事』) と記すとおりである。

一方、御陵衛士に参加した阿部十郎も同様の内容を語る。

新撰組で市中見廻りをしていても、諸藩の内情を探ることはできず、浪士の挙動も見破れない。これについて、我々(伊東一統) が表面分離と見せて、内心お前(近藤) のために尽くすから、人数を分けて分離させてくれろ、と説きました。その実、近藤を欺《あざむ》いたのですが、近藤も承諾いたしまして……。(『史談会速記録』)

永倉記述と阿部談話の違いは、ラストの「近藤を欺いた」だけといっていい。端的に記せば、三月分離時点の御陵衛士は、新選組の探索別働隊として機能しようと考えていた。当然、「親新選組」である。

それが、「反新選組」に転じるのは、十一月に伊東以下四人の御陵衛士が新選組に殺されてからで、以降、生き残り組は「入隊当初から反近藤だった」「分離も近藤を欺いたもの」と主張し続けたのだ。

言い換えれば、過去を粉飾したのである。したがって、彼らの明治後年の談話(『史談会速記録』）などは全面的な信頼が置けず、粉飾を取り除く必要がある。

むしろ近藤・伊東の両人が腐心したのは、新選組の掟「脱走禁止」を如何にクリアするか、にあった。いくら分離、別局といっても、「死生をともにする」と誓った同志から「脱走と同じではないか」と指摘されれば、返す言葉がない。

そこで「伊東は近藤と熟談の結果」（『加納鷲雄談話』）、掟に抵触しないように、新選組と御陵衛士との間で分離は今回限りの特例とし、以降は「移籍禁止の約定」を締結する。約定に違反すれば、切腹である。

死生の誓約、脱走禁止の掟、移籍禁止の約定……と、現代風にいえば「契約条項と罰則規定」を常に取り決めたのだ。その意味で、新選組は従来の藩とは異なる近代的な組織といえよう。

ちなみに、御陵衛士に参加した斎藤一は、通説では「近藤の間者」とされるが、近藤勇が派遣した目付だと思う。両機関を結ぶ役目である。詳しくは、拙著『斎藤一　新選組最強の剣客』（中公文庫）を参照いただきたい。

分離した御陵衛士は、やがて高台寺月真院を屯所としたので「高台寺党」とも呼ばれる。

浅野薫殺害

これも時期不詳であるが、『新撰組始末記』は総司が浅野薫を殺したと記す。

隊士浅野薫も同様の所業（臆病、金策）ありて、葛野《かどの》郡川勝寺《ぜんしょうじ》村の川中へ沖田総司に切り捨てさせたり。すべてこの隊の暴党が所業、残忍酷烈、言語に絶したり。犬猫を屠《と》ふるよりも尚（人命は）軽率なり、恐るべし。

同様の所業とは、臆病のために除隊させられた川島勝司が、新選組の隊名で金策したことを指す。召し捕られた川島勝司は、三条河原で断首。かつて武芸披露試合で棒術を見せた隊士である。なお、川勝寺村とは現在の右京区西京極だ。

御陵衛士生き残りの阿部十郎も、『新撰組始末記』と同様に「総司が浅野薫を殺害した」と語り、時期は「私ども高台寺におります時分に」とする。漠然としているが、三月分離以降の意味だろう。総司にとっては、発病後の事件となる。

阿部談話にはわかりにくい部分があるので、整理して示そう。

備前［岡山県］出身の浅野は文武に優れ、伊東一統の同志だったが、近藤が重用したので、分離時点では新選組に残った。その後、浅野は新選組を脱走するが、行き場所がないので阿部らは山科《やましな》に匿い、土佐に落ち延びさせようとする。

ところが、浅野は近藤を説得するつもりで出掛けると、近藤は不在。「それで沖田総司という奴が桂川へ行って斬ってしまった」——。


浅野薫の入隊時期は、文久三年と推定される。同年の在隊が確認される阿部十郎が、彼を「かねて意をともにした」と語っており、在隊時期が重なっていたのは確実だからだ。そう、二人は芹沢派の一員だったのだ。

芹沢暗殺事件の後、脱走した阿部十郎は大坂の谷万太郎の許に行く。

一方、新選組に残った浅野薫は、元治元年の池田屋事変の頃は諸士調役、禁門の変のときは武田観柳斎とともに軍事方（組頭）を勤める。

同年十一月に伊東甲子太郎が加入すると、阿部談話によれば、下坂した浅野薫は「今度入った伊東が同志十数人連れて来た。人物も良く近藤ごときではないので、ともに謀れる人物だ。お前（阿部）も帰ってきて、力を合わせてくれ」（意訳）と、阿部十郎を誘う。

慶応元年初め、「善哉屋《ぜんざいや》事件」（大坂の不逞浪士を襲撃した事件）で谷三十郎・万太郎兄弟とともに手柄を挙げた阿部十郎は、新選組に復帰する。

その一方で、浅野薫は新選組名簿から姓名が消え、なぜか突如、慶応二年九月の「三条制札事件」（新選組が不逞浪士を召し捕った事件）に現れ、乞食の格好をして斥候を勤める。組頭の一員だった者が偵察に廻されたとすれば、何らかの不行跡で降格処分になったと考える以外にない。

ところが、不逞浪士の出現に恐怖した浅野薫は、会所に詰める隊士への注進が遅れる。『新撰組始末記』によれば、「浅野は卑怯の名を得て、後日放逐せらる」。

同書が浅野殺害理由として挙げる「臆病」とつながる話であり、三条制札事件を戦闘と見倣せば、軍中法度の「未練の働きこれなきよう」にも抵触する。

・

阿部談話から窺えるのは、芹沢派残党は同じ水戸学を修めた伊東甲子太郎を、「芹沢の再来」と思ったことだ。水戸学は尊王敬幕の思想で、尊王に重きを置く。

それはさておき、阿部談話は「浅野は近藤に重用された。慶応三年三月頃まで在隊して、その後脱走」とするが、一方の『新撰組始末記』は「臆病なので、慶応二年九月以降に放逐」とまるで違う。

一致するのは、浅野殺害は総司の仕業――。

もう一つ挙げれば、永倉新八は、「広島浪士　京都島原にて断首　同（副長助勤）　浅野薫」（『同志連名記』）と記す。殺害場所も三者三様である。

個人的な見解だが、酒井・浅野殺害は、総司にとって「冤罪《えんざい》」ではなかろうか？四条橋乱闘事件と同様の構図で、実行者不明の殺害といえば、勝手に新選組きっての剣客沖田総司の仕業とされてしまう。一種の有名税である。

実際に総司が人を斬ったのは、芹沢暗殺などの文久三年の諸事件と、翌元治元年の池田屋事変のときであろう。いわば、新選組の初期段階に集中している。

新選組が隊士百数十人の規模に膨れれば、序列三位の大幹部が、一隊士の処分のために自ら剣を振るう必要性は皆無に近い。酒井・浅野殺害は、近藤直門でいえば、大石鍬次郎や宮川信吉でも一向に構わないはずだ。

少なくとも、発病後と思われる浅野殺害は冤罪だと思う。

だが、阿部十郎は総司を実行犯と信じた。

沖田氏縁者

壬生の八木邸・前川邸の近くに、浄土宗の光縁寺［下京区］がある。山南敬助や切腹処分となった隊士の墓がある寺だ。

その光縁寺の過去帳に、次の戒名が記される。

真明院照誉貞相大姉《しんみょういんしょうよていそうだいし》　四月二十六日　沖田氏縁者

縁者とは身内の人の意味だから、おそらく総司の内縁の妻（内妻）であろう。俗名や年齢は不詳ながら、戒名には成人女性で最も格の高い「大姉」が付けられている。総司は実質的な幕臣なので、その妻同然に手厚く葬られたと思われる。総司の戒名と同様に「誉」が付くのは、専称寺と同じ浄土宗だからである。

内妻については、過去帳に書かれたメモから、明治後年に大阪の酒井意誠《むねのぶ》という人が墓参に訪れた。そのことだけは確認できるが、内妻との関係は不明である。

総司の休息所は、壬生界隈にあった——。

内妻を住まわせた休息所から、総司は毎朝西本願寺へ通う。そういう生活が二年近く続いたが、彼女は四月に死去する。死因もまた不明だが、総司の発病後、わずか二ヶ月後のことである。

臆測を逞しくすれば、彼女の死因は肺結核だった。総司の罹患した場所は、休息所とも考えられる。いずれにせよ、この慶応三年は総司にとって失意の連続である。

近藤勇五郎の『思出ばなし』（『新選組遺聞』所収）の中に、「恋の沖田」という話がある。一つの文章だが、前段と後段に分けて掲げたい。

①「沖田は、余りそんな（女）遊びをしなかった代りに、京都で、ある医者の娘と恋仲になったのです。これは沖田も話していましたし、勇も、母［つね女］へ話しているのを聞きました。しかし勇は、自分達の行末を考えていたためか、或る時沖田へしみじみと訓戒して、その娘と手を切らせ、何でも、勇自身が口を利いて堅気《かたぎ》の商人へ嫁入らせたとの事でした」

②「沖田は、よく私へこの娘の事を話していました。ふだん無駄口ばかり利いている男ですが、この娘のこととなると、涙を落して語ったものです」

実は、この『思出ばなし』に登場する女性は一人ではない。二人である。勇五郎は正確に話したのかもしれないが、〈前段①＝コウ、後段②＝内妻〉の話が同一人物のように描かれてしまったのだ。

近藤勇の養女となった「医者の娘」コウは、総司に求婚するが、固辞されたために他家に嫁ぐ（152ページ参照）。前段①と大筋は合う。

また予備知識なしに①を読むと、なぜ近藤勇が「成年である総司と医者の娘」の間に出てくるのか、医者の娘の嫁ぎ先を世話するのか、といった素朴な疑問が湧くが、コウが近藤勇の養女であれば納得がいく。

しかし、後段②の「この娘のこととなると、涙を落して」は、総司は内妻の死を悲しんで泣いた、という意味だ。近藤勇が間に入ったコウを偲んで、総司が泣くはずがない。総司が近藤勇五郎に語ったのは、慶応四年一月の新選組東帰後のことだから、内妻の一周忌も済んでいない頃だ。

ことあるごとに総司は内妻を思いだしては、涙に暮れた——。

幕臣取り立て

懸案事項だった幕臣取り立ての内示が、会津藩から伝えられたのは六月十日のこと。それに伴い、会津藩御預り新選組局長近藤勇は、隊長と書かれるケースが多くなる。隊長近藤は見廻組与頭《くみがしら》格で三百俵、副長土方は見廻組肝煎《きもいり》格で七十俵五人扶持、総司らの副長助勤（組頭）は見廻組格で七十俵三人扶持、諸士調役は見廻組並で四十俵を与えられる。

近藤勇は旗本、土方歳三以下の仮同志を含む隊士全員は御家人となる。

新選組では、隊長から平士までを同志とし、平士登用前の者を仮同志とした。仮同志は文武などに劣る者で、いわば隊士見習いである。なお、幕臣登用後に加入した者は、見習いとして局長（隊長）附人数とされた。

旗本と御家人の身分の違いは、将軍に御目見《おめみえ》できるかどうかで、御目見以上の旗本は謁

組織図④　慶応３年（1867）６月

局長　近藤勇

副長　土方歳三

勘定方

副長助勤
沖田総司　井上源三郎
永倉新八　山崎烝
原田左之助　尾形俊太郎

諸士調役
吉村貫一郎　茨木司
大石鍬次郎　村上清
安藤主計　近藤周平

伍長

平士

見を許される。

格式は、幕臣から構成される京都見廻組に準拠する。ちなみに、京都見廻組与頭が坂本龍馬殺害で知られる佐々木只三郎だ。俸禄も、身分等級に応じた格付けの色合いが濃い。

現時点では一代限りの幕臣だが、将来は永世相続（御譜代席）もありうる。一大出世した近藤勇は「御殿様」になる。彼は佐藤彦五郎や小島鹿之助らに宛てた書状で、御目見以上（旗本）になった旨を伝え、「この段、御吹聴申し上げ候」と率直に喜びを表現している。

三ヶ月前に御陵衛士を分離したため、今回、副長助勤と諸士調役は六人ずつとなる。

副長助勤以上の序列は、〈①近藤→②土方→③沖田→④永倉→⑤井上→⑥原田→⑦山崎→⑧尾形〉。副長助勤だった藤堂・斎藤・三木が御陵衛士に移籍したので、諸士調役山崎・尾形が組頭に抜擢される。

諸士調役六人には、近藤周平も名を連ねる。旗本近藤勇の養子として処遇されたのは間違いない。ただし、旧姓ベースで谷周平と記す史料があり、半年後には序列も下がるので、その間に縁組を解消された可能性が高い。

解消の理由は腕前ではない。美男の周平は、女性問題で「勇の忠告を受くる事あり。遂に隙を生じ……」(『近世雑話』)ということらしい。

近藤勇の妻ツネも、「周平さんも女のためにあんなことになった」(『新選組物語』)と語るが、「あんなこと」とは養子縁組の解消を指すのだろう。なお、明治以後は谷昌武と改名した周平は、明治三十四年(一九〇一)、生活に困窮する中で病死した。享年五十四。

内示の二日後、一大事件が勃発する。

諸士調役の茨木司以下十人(調役一人、平隊士三人、仮同志六人)が、十二日、新選組を脱して伊東甲子太郎に合流を申し出る。尊王攘夷を唱える茨木一統十人は、「武士は二君に仕えず」と幕臣取り立てに反発して、集団脱走したのだ。

ところが、頼った先の伊東甲子太郎は、「移籍禁止の約定」に抵触するため、茨木一統に帰隊を勧める。帰れば切腹が待ち構えているので、茨木一統は新選組に戻ろうとしない。持て余した伊東甲子太郎は、彼らに新選組脱隊を会津藩に直訴する策を授ける。

十三日、京都守護職邸を訪ねた茨木一統は、脱隊を願い出る。会津藩からの急報で、近藤勇らが駆け付けて説得にあたるが、彼らは帰隊に応じないので、協議は翌日に持ち越される。協議に臨んだのは茨木以下四人の隊士で、仮同志は外された。

十四日も話は平行線を辿る。議論が尽きた頃、別間を借りた四人は、咽喉に脇差を突き刺して自害を遂げる。遺書が残されており、「四人は幕臣取り立てに応じますが、仮同志六人は脱隊をお許しください」（意訳、『藤岡屋日記』）と書かれていたという。覚悟の自害である。

翌十五日の早朝、隊士七十五人が見送る中で葬儀が執行され、四人は光縁寺に葬られた。彼らが命懸けで守った仮同志六人は、追放処分にされた。

総司の病状

葬儀のあった六月十五日に、新選組は新築の屯所に移転する。

「旅宿の儀は七条通り下る処《ところ》に新規に屋敷を補い、当月十五日、家移り致し候」（『宮川信吉書状』）

場所は西本願寺近くの不動堂村［下京区］で、新選組の退去を望む西本願寺が資金を負担したという。大名屋敷のように美麗かつ立派な建物で、数多くの隊士を収容した。

池田七三郎（明治以後は稗田利八《ひえだりはち》）の談話によると、真中が広間で左側に副長助勤の部屋があった。そこに休息所を畳んだ総司も入ったと思われる。

「今（昭和三年）でいうと、大きな高等下宿か寄宿舎のようなものでした」（『新選組聞書』）

また、『新撰組始末記』は、「沖田総司は不動堂村へ転隊したる頃より大病に患し」とする。〈二月罹疾→六月大病〉とつながる記録である。

六月には、薩摩藩と土佐藩の間で「薩土盟約」が交わされ、前に結ばれた「薩長同盟」と合わせると、「薩長土」三藩の実質的な軍事同盟が成立する。

そのため、討幕の動きがより加速する。十月には「討幕の密勅」が薩長両藩主に授けられるが、先手を打つように、十五代将軍慶喜は「大政奉還」を実行する。政権を返上すれば、徳川家が討たれることはないと考えたのだ。

しかし、十二月に「王政復古の大号令」を発せられる。その結果、政治的に敗北した旧幕府側は大坂に下り、局面を打破するために翌慶応四年一月に武力対決に踏み切る。これが鳥羽伏見の戦い（戊辰戦争）である。

新選組も、その流れに逆らうことはできない。

話が先に進んだが、不動堂村屯所への移転と同時期に、新選組は江戸での第三次隊士募集を計画する。御陵衛士の分離に伴う隊士の補充が目的である。

近藤勇は、佐藤彦五郎や小島鹿之助らに宛てた六月二十九日付書状で、「時勢のため、私は機密の御用や周旋があって東下は難しい」（意訳）が、「土方、沖田、井上三輩士は、寸暇もこれあり候わば、東下致させたく」と報告する。

三人は多少暇もあるので、江戸へ行かせたい——。

なぜ、多忙な時期に直門の大幹部三人を東下させるかといえば、近藤周斎の病気見舞いがあったからだ。そして近藤勇の認識では、総司は発病したといっても、まだ動ける状態だったことになる。

実際に土方歳三と井上源三郎が、江戸に着いたのは九月二十四日。しかし、総司は同行できなかった。三ヶ月の間に病状が進んだからである。

近藤勇の幕臣取り立てに伴って、江戸の留守家族であるツネ・タマ母子は、試衛館から程近い二十騎町［新宿区二十騎町］の家に移り住む。

二十騎町の町名は、「幕府与力十騎が二組」が居住したことに由来する。現代風にいえば、旗本身分になった近藤勇は、幕臣専用居住地域に住む資格を得たのだ。浪人身分の者には、居住権はない。

近藤勇五郎によれば、転居先は三部屋くらいの手狭な家で、十七歳の彼も母子と同居したという。周平との養子縁組解消で、将来、近藤勇はタマ（六歳）の婿に勇五郎をと考えたようだ。勇五郎とタマの結婚は、明治九年のことである。

早速、土方・井上の到着を聞いた佐藤彦五郎や井上松五郎が、江戸市中に出てくる。そのとき、土方・井上とは試衛館で歓談する。

だが、隊士募集は二十騎町の近藤邸で行われる。引越しの関係であろう。応募した一人が池田七三郎（稗田利八）で、新選組に関する談話（『新選組聞書』）を残す。昭和十三年（九十歳）まで生きたので、「最後の新選組隊士」といわれる。

隊士募集の合間、十月七日に馬上の土方・井上は故郷日野を訪れる。黒羽二重の羽織、仙台平《せんだいひら》の袴と立派な武士の格好をしている。

日野滞在中に、彼らは後援者や旧友と会う。そのとき、総司の病状を話したらしい。一週間後の十三日付で、小島鹿之助は近藤勇宛てに総司の病気見舞いを書き送る。

沖田英兄、当節ちと御不快の由（を）聞き承《うけたまわ》り、実（に）もって心痛、御大切に御保護、恐れながら宜しく御取り計らい願い上げ候。

英兄と敬意を払いつつ、「将来の名人」にして「天然理心流の後継者・総司」の病状を、非常に心配している様子がありありとわかる。

十月二十一日、新入隊士二十人を引き連れた土方・井上は、江戸を出立する。東海道品川宿までは、佐藤彦五郎の長男源之助（俊宣）、常久村の関田庄太郎、新徴組隊士の馬場兵助ら天然理心流一門が見送る。

結果として、これが井上源三郎には江戸の景色の見納めとなる。

総司の告白

土方一行は、十一月三日に不動堂村屯所に着く。

一行が上洛途上の十月二十八日、長らく中風を患っていた近藤周斎が七十六歳で死去する。土方・井上が江戸を発ってから一週間後のことだった。死亡場所を、子母澤寛は隠居宅のあった四谷舟板横丁とする。

試衛館の世話をする門人の福田平馬と寺尾安次郎が、会津藩江戸屋敷に報告した文書によると、近藤周斎は差し迫った状態ではなかったので土方歳三が出発したところ、容態が急変したらしい。

葬儀には会津藩の者も参列して執行され、遺体は芝の金地院［港区］に埋葬された。葬儀の際の「香典帳控」が残っており、本書に関係する人では、沖田林太郎、馬場兵助、井上松五郎、佐藤彦五郎、宮川音五郎、関田庄太郎、福田平馬、寺尾安次郎、大工仙蔵らが記載される。

江戸出発時、土方・井上は、宮川音五郎から総司宛ての手紙と見舞いの品を託された。戻った彼らから近藤周斎の病状を聞いた総司は、十一月十二日付で宮川音五郎宛てに書状を認める。

そのとき、彼は老先生周斎の死を知らない。死亡連絡が、まだ江戸から届いていないタイミングである。

これが現存する「総司最後の書状」であり、初めて自らの口で病気を打ち明ける。まず時候の挨拶と土方・井上の帰着を伝えた後、総司は次のように記す。

さて、その節は御尊書（手紙）送り下され、有り難く拝見致し候。拙者（総司）儀も老先生（周斎）病気に付き、是非とも東下致す心組み（に）御座候えども、病気故、何分心底に相叶わず候。

しかしながら、当節は日増し（に）快方に赴き、この分にては最早大丈夫に相成るべく候あいだ、憚りながら御安意下さるべく候。なおまた先生（周斎）事、万端宜しく願い上げ奉り候。

そして追伸で、「何より の味噌漬下され、有り難く存じ奉り候」と礼を述べる。

周斎先生を見舞うため、私も江戸に行きたかったのですが、病気なのでその願いは叶いませんでした。しかし、今は快方に向かっているので、ご安心ください――。

一時的に肺結核が小康を迎えたのかもしれないが、心配を掛けまいとする総司の気配りが、「大丈夫」「御安意」と書かせたのだろう。

十一月の新入隊士・池田七三郎は、「不動堂村屯所の道場で沖田の剣術を目撃した」「近藤勇が二条城に出仕するときは、沖田や永倉が付き添った」と証言するが、総司にそこまでの体力が残っていたのだろうか？　いささか疑問に思う。

油小路の変

総司が病気を告知した三日後、十一月十五日のこと。

京都四条河原町の醬油商「近江屋」で、下宿していた土佐浪人の海援隊長坂本龍馬と、その場に居合わせた陸援隊長中岡慎太郎が、何者かによって殺害される。

十八日には、御陵衛士の伊東甲子太郎が新選組によって油小路で暗殺される。

その前から土佐藩では、上士層の「公武合体派」と下士・浪人層の「討幕派」が、激しい内部抗争を展開していた。

永井尚志の紹介で、近藤勇は土佐藩執政（上士）の後藤象二郎と交流し始める。新選組の別働隊である御陵衛士は、土佐藩討幕派の探索に従事する。幕府とすれば、どうしても土佐藩を公武合体派（佐幕派）に引き留めたい――。

七月、土佐藩討幕派の急先鋒・中岡慎太郎は、京都郊外の土佐藩白川藩邸内に陸援隊を設置する。そこに多くの浪人が集結したため、新選組は間者として隊士村山謙吉を潜入させる。一方の御陵衛士も、八月に橋本会助を陸援隊に送り込む。

端的にいえば、新選組の本隊と別働隊は、それぞれスパイを放ったのだ。情報の精度を高めるための両面作戦と思っていい。

十月初め、まず村山謙吉が討幕派（薩長土三藩）の武装蜂起計画を掴み、近藤勇に伝える。直ちに近藤勇は京都守護職会津藩に報告する。

そこで、会津藩が村山情報の裏付けを伊東甲子太郎に求めると、彼が摑む橋本ルートの情報と合致する。

このとき、伊東甲子太郎は「情報の出所が、謙吉、甲子太郎と陸援隊に分かれば殺されます」（意訳、『会津藩庁記録』）と極度に恐れた。明らかに、彼は会津藩・新選組の協力者である。

大政奉還が十四日に行われたため、いったん討幕派の武装蜂起は見送られるが、十八日頃に中岡慎太郎を訪ねた伊東甲子太郎は、次のように告げる。

「私は新選組のひとりであるが、お前（中岡）を殺すということになっておる」（『池田徳太郎事歴』）

「（陸援隊に）近藤勇が間者（村山）を入れていた」（『阿部談話』）

大政奉還を境として、時勢を見る伊東甲子太郎は、新選組の内部情報を土佐藩討幕派に売る「二重スパイ」と化したのだ。

十一月十五日に坂本・中岡が近江屋で殺害される。実際の襲撃者は、明治以後に京都見廻組の佐々木只三郎、今井信郎らと判明する。

しかし、事件発生当時、新選組の仕業と思い込む土佐藩は、十六日に村山謙吉を捕縛して牢に入れ、十七日には厳しい訊問を行う。

伊東甲子太郎がリークした情報は、土佐藩上層部にまで伝わっていたのだ。

油小路の変は翌十八日のこと。間違いなく近江屋事件と因果関係がある。

通説では、油小路の変に至る経緯を「伊東甲子太郎は新選組乗っ取り、幹部殺害を企てる。新選組の間者斎藤一がその情報を摑み、近藤勇に注進する。そこで、近藤勇は御陵衛士の殲滅を企てる」とする。

しかし実際は、伊東甲子太郎の変節（二重スパイ）と背信行為（間者村山のリーク）を知った目付役斎藤一が、近藤勇に急報したことが、油小路の変を招いたと私は考える。

十八日の朝、新選組の動きを知らない伊東甲子太郎は、薩長への潜入資金三百両の借用を近藤勇に申し出る。

夜になって、金を受け取るために西本願寺近くの近藤妾宅（休息所）を訪れた伊東甲子太郎は、新選組幹部の歓待を受ける。

その帰り道、酒に酔った伊東甲子太郎が油小路［下京区］に差し掛かると、陰に潜んでいた近藤直門の大石鍬次郎、宮川信吉、横倉甚五郎らが一斉に襲う。近藤得意の戦法である。伊東甲子太郎、即死――。

永倉新八と原田左之助が率いる隊士、局長附人数三十数人が、その遺骸を油小路の十字路まで運んで放置する。深夜に遺骸を引き取りに来る御陵衛士を待ち構えて、皆殺しにする作戦だ。このとき、病床にあったと思われる総司は出動していない。

一方、町役人などからの知らせを受けた御陵衛士は、駕籠を用意して高台寺屯所から油小路へ向かう。深夜十二時頃である。彼らは「加害者は土佐人」と思ったようで、新選組の仕業とは考えてもいない。

出向いた御陵衛士は、藤堂平助、三木三郎、篠原泰之進、服部武雄、加納鷲雄、毛内《もうない》有之助、橋本会助、富山弥兵衛の八人である。阿部十郎と内海次郎は鳥撃ちに出掛け、他の同志は諸国遊説中。

油小路に到着した一行が、遺骸を駕籠に乗せようとしたとき、新選組が襲い掛かる。その結果、藤堂・服部・毛内の三人が殺される。試衛館以来の藤堂平助は、「刀を握り候まま相果て候」(『慶応丁卯筆記』)。享年二十四。

残りの御陵衛士は、現場から逃げ出す。行き場所に窮した彼らは、薩摩藩二本松藩邸[上京区]に匿ってほしいと頼み込む。それまで薩摩藩とは接触がないにもかかわらず、富山弥兵衛が薩摩藩士の元奉公人というだけの縁にすがったのだ。

応接した薩摩藩の中村半次郎は、加納鷲雄の話を次のように記録する。

「私共頭《かしら》、伊東甲子太郎儀、新撰組同志にて打ち果て候……(我々が死体の後始末に行くと)新撰組どもより無体に切り掛り候」(『京在日記』)。

第三者がリアルタイムで記したものだから、粉飾はない。

別途、惨劇を知った阿部・内海もやがて合流する。薩摩藩に保護されたのは、三木・篠原・加納・富山・阿部・内海の六人だ。橋本会助だけは油小路まで行かず、引き返して陸援隊に戻る。

生き残った御陵衛士は、『京在日記』に見られるとおり、事件直後でも新選組を「同志」と思っていたのだ。伊東甲子太郎の二重スパイ活動などを、十分知らされていなかった節もある。

惨劇に至った原因は、伊東甲子太郎のスタンドプレーにあったのかもしれない。ある意味、新選組と御陵衛士は、彼に踊らされた面がある。

しかし、現実に伊東以下四人の同志が新選組に斬殺され、自分達も襲撃された――。近親憎悪のような感情が御陵衛士残党に芽生え、彼らは復讐を誓う。

「伊東甲子太郎残徒は、新選組にて致したと察し、新選組の人と見ると狙うこと夥《おびただ》しく」（『報国記事』）

総司襲撃事件

十二月七日、海援隊と陸援隊の残党十六人は、近江屋事件の黒幕は紀州藩周旋方・三浦休太郎ではないかと疑い、両隊長の仇討のために旅宿天満屋《てんまや》［下京区］を襲う。世にいう「天満屋騒動」である。

そのとき、三浦休太郎を護衛していたのが、新選組の副長助勤斎藤一、諸士調役大石鍬次郎、平隊士宮川信吉ら七人で、乱闘中に宮川信吉が討死を遂げる。享年二十五。翌八日、彼の遺骸は光縁寺に葬られた。

この年の暮までに、総司は「内妻、師匠近藤周斎、友人宮川信吉」を相次いで失ったのだ。そして自身は病床にある。

天満屋騒動が、新選組にとって最後の公務となる。というのも、二日後の九日に「王政復古の大号令」が発せられたからだ。

朝廷主導の新政権の樹立によって、幕府は瓦解を遂げる。京都守護職会津藩、京都所司代桑名藩以下は御役御免となる。

それは、新選組の市中見廻り職務の解任につながる。たとえば、七日の天満屋騒動は新選組にとって正当な警察権の行使となるが、九日の新政権発足後は立場が逆転して犯罪行為と見做される。それが政権交代の凄さといえる。

政権交代は不法であり、薩長の暴挙と憤る旧幕府軍（旧幕府諸隊、会津藩、桑名藩など）は二条城に集結するが、十二日、暴発を恐れた徳川慶喜は諸藩兵とともに大坂へ退く。

永井尚志に随った新選組は、いったん大坂へ下り、急遽、十六日に伏見奉行所の警衛に転じる。もはや一触即発は免れない。戦時態勢へ突入したのだ。

伏見での陣容を、『報国記事』は次のように記す。新選組隊士は約百人で、歩兵を合わせると二百人規模。ただし、幹部は手薄になっている。

局長近藤勇、副長土方歳三、副長助勤永倉新八・原田左之助・井上源三郎・斎藤一・山崎丞、諸士調役吉村貫一郎・大石鍬次郎、小荷駄方安富才助・中村玄道他二人、局長附組

頭石井清之進・相馬主計

そこに副長助勤筆頭の総司の名を、見出すことはできない。病身の彼は新選組に同行せず、京都に潜んだ。新選組の転陣先が決まり次第、追いかける予定だったと思われる。

だが、十八日早朝、復讐に燃える御陵衛士残党が総司を襲う。油小路の惨劇からちょうど一ヶ月後の仇討である。

政権交代によって、「狙う者、狙われる者」も逆転する。狙う側に廻った御陵衛士残党は、探索の結果、総司の居所を突き止めたのだ。

その模様を、阿部十郎は次のように語る。

京都に行っておりました加納道之助（鷲雄）という者が十七日の晩、帰ってきて、沖田総司という者は近藤の高弟でございます。それが六条に近藤の妾宅がございます。それへ来て潜伏しておるということを告げましたので、私は十八日の朝、内海次郎と佐原太郎という者を連れて、沖田を撃つために七つ起きをいたしまして、六条の近藤勇の妾宅へ斬り込みましてございます。

ところが誰もおりませぬで、女が一人おりました。それから、沖田総司が夜前までおったが、どうしたのかと言って尋問いたしましたところが、夜前、四つ頃に伏見に帰りましたということで、いかにも残念でございました。
それから、そこを退きまして、薩州邸（薩摩藩二本松藩邸）へ参りました。

阿部十郎は同じ『阿部談話』の中で、「伊東を背後から斬り殺したのは四人で、大石・宮川の他はわからない」（意訳）とする。

彼自身は油小路の変に遭遇していないが、近藤直門の総司も出動したはず、と思い込んだ。加えて浅野薫殺害の恨みもある。慶応元年の復隊時、阿部十郎は一番に配属されたので、総司のことはよく見知っている。

その頃、御陵衛士残党は、市中の薩摩藩二本松藩邸から郊外の同藩伏見藩邸［伏見区］に移されていた。午前四時過ぎに伏見藩邸を出発した彼らは、午前六時頃に近藤妾宅に着く。

場所は、西本願寺近くの醒ヶ井《さめがい》木津屋橋。ここに近藤勇が愛妾・孝《こう》を囲っている。一ヶ月前、伊東甲子太郎を歓待したのもこの場所だ。

以前、孝は大坂新町遊郭の吉田屋で御幸《ごこう》太夫として出ていたが、それを近藤勇が身請けした。文久三年に総司が登楼した吉田屋である。

近藤勇の配慮により、新選組からの連絡があるまで。総司は妾宅に匿われていたのだ。

到着した御陵衛士残党が下女を問い質すと、午前三時過ぎに総司は伏見に向かったという。伏見奉行所に病室が準備されたのだろう。

京都・伏見間は、伏見街道や竹田街道が走る。どうやら御陵衛士残党は間道の竹田街道を京都へ上り、総司は本道の伏見街道を駕籠で下ったようだ。

しかし、もし総司と御陵衛士が同じ街道を辿っていたら、夜明け前に間違いなく途中で遭遇したはずだ。まさに総司危機一髪である。

近藤勇狙撃事件

十八日の朝、総司は無事に伏見奉行所に到着する。

当日、所用がある近藤勇は、入れ代わるように奉行所から京都へ向かう。

一方、総司襲撃に失敗した御陵衛士残党は、薩摩藩二本松藩邸に立ち寄った後、標的を近藤勇に切り替えるつもりで、午後は京都市中の店で武具を購入していた。すると、偶然、表通りを通行する近藤一行を目撃する。

用事を済ませた近藤勇は、伏見街道を辿って奉行所へ帰る途中。

間道の竹田街道をひた走った阿部十郎らは、薩摩藩伏見藩邸で鉄砲二挺と槍を調達すると、伏見街道の丹波橋付近（墨染《すみぞめ》ともいう）で近藤一行の帰りを待ち伏せる。午後三時頃のことだ。

襲撃に参加した残党は数人で、阿部談話によれば、次の手筈を整える。鉄砲班の阿部・富山と槍班の篠原・加納に分かれる。鉄砲班の命中率は低いので、発砲に驚いた近藤勇が逃げるところを、槍班が突く――。

馬上の近藤勇に供したのは、隊士の島田魁・横倉甚五郎、局長附人数の石井清之進、馬丁の文吉（久吉）。計四人である。

近藤一行が差し掛ると、空き家に潜んでいた富山弥兵衛が放った銃弾が、近藤勇の右肩に的中する。医師松本良順によれば、弾は「右側の鎖骨上より上斜脊椎《せきつい》の傍」（『蘭疇自伝』）を貫いた。

島田魁らは刀で馬の尻を叩き、近藤勇を逃そうとする。と同時に、阿部十郎の放つ二発目の銃弾が、石井清之進に当たる。それを佐原太郎が斬り殺す。文吉も死亡を遂げる。

阿部談話によると、槍班が手筈どおりに近藤勇を突けば討ち取れたが、篠原・加納は「まだ戦を始めぬ前に槍を捨てて逃げてしまった」（『史談会速記録』）という。

余談ながら、明治後年、敵前逃亡したにもかかわらず、篠原泰之進（明治以後は秦林親《はたしげちか》）は、史談会の席上で「伏見街道で近藤勇に復讐した」と語る。それを読んだ阿部十郎（明治以後は阿部隆明）は、秦林親との交際を絶つ。頑固一徹だったようだ。

現場の目撃者によると、撃たれた瞬間、近藤勇は「アッ」といって鞍の前輪に伏せ、馬を駆けたという。そのままの状態で、彼は伏見奉行所へ駆け込む。

非番で奉行所の門前に佇んでいた池田七三郎によると、近藤勇は「誰かいないか！」と二度繰り返し、下馬して奥へ入っていく。すると、永倉新八が「一番隊、二番隊の者は続け！」と叫びながら、走って行く。

「一番隊の沖田氏が病中だったので、永倉氏が一番隊と二番隊を連れて下手人を追いかけたが、もういなかったのです」（『新選組聞書』）

誤報だが、この事件で総司が殺されたという風聞（『風説書留』）が京都市中に流れた。

十八日夕……、新選組壱番隊の頭沖田総司、組子（隊士）召し連れ、京都より騎馬にて右屯所（伏見奉行所）へ帰り掛け……（伊東ら四人の復讐をしようと）残党の阿部十郎、富山弥兵衛、内海次郎、佐原太郎の四人、かねて付け狙いおり候処、はからずも出会い候につき、天の与えと阿部十郎鉄砲を持て、沖田氏打ち落とす……。

この風説書では、「即時に死　沖田総司」と記し、近藤鉄砲傷や土方即死という風説もあるが、それは虚報で両者は無事だとする。

情報が錯綜しているが、襲撃者に関する記述は正確だ。とすれば、情報源は御陵衛士残党と思われるが、なぜか総司と近藤勇を混同している。実は『秦林親日記』も、総司襲撃事件を「阿部らは近藤を追って、妾宅に踏み込んだ」（意訳）と誤っている。

ともあれ、御陵衛士残党の憎悪が、近藤勇と総司に集中したのは間違いない。特に頑《かたく》なな元芹沢派・阿部十郎は、五年前の芹沢暗殺の恨みも抱いていたはずだ。他の誰よりも、憎悪の念は深い。

芹沢鴨は就寝中を、伊東甲子太郎は酔ったところを背後から殺された。どちらも殺害指令は近藤勇が下し、「残酷な」総司が斬った——。

そう信じていたのだと思う。三月に分離した阿部十郎は、今の総司の病状を知らない。

鳥羽伏見の戦い

近藤勇の銃創は、撃剣家にとって致命的である。もう二度と剣を執れないからだ。

それを聞いた総司は切歯《せっし》して、以下の言葉を発する。

我幸いにして（病は）癒ゆ。虜輩《りょはい》を斬るにあたりては、万て《すべ》狩るのみ。歿するに臨み、この罵《ののし》りを絶えず口にす」（原漢文、『両雄逸事』）。

「総司臨終の言葉」とされるが、発言の契機は近藤勇狙撃事件にある。今際《いまわ》の際まで、「私の病気は癒えた。近藤勇先生を襲った者をすべて狩って、虜《とりこ》（生け捕り）にして斬る」と、総司は襲撃者を罵倒し続けたのだ。憤怒のあまり、総司が発した仇討、マンハント宣言である。

しかし、この時点の新選組は御陵衛士の仕業とは知らず、「薩藩の切害に相違これなく」（『鳥取池田家文書』）と、薩摩藩伏見藩邸まで押し掛けたという。実際の襲撃者である阿部十郎らは京都へ走り、同藩二本松藩邸に入った。

近藤銃創の報は大坂城の徳川慶喜にまで達し、医師の伏見派遣と寝具の下賜が決まる。とはいっても重傷だ。伏見では満足な治療もできないので、事件の二日後の二十日、近藤勇と総司は大坂に下る。そのとき、大坂の地理に明るい副長助勤山崎丞が付き添った。「（近藤は京都から戻る途中に）薩兵潜伏、鉄砲掛け、右の肩先を打ち抜かれ候あいだ、病人物司同道にて二十日頃より、（大坂町）奉行屋敷に罷りあり、伏見には歳三隊長にて出陣」（井上松五郎宛て『佐藤彦五郎書状』）

病人惣司と明記されるほど、総司の病状は悪化している。

隊士島田魁は「城内二ノ丸にて養生す」と記録するが、いずれにせよ、両人は寝たきりで鳥羽伏見の戦いには出陣できなかった。

「（総司は）一、二町の道を走ることさえ出来ない程に病気はすすんでいて……大坂城中で、ただじっとして寝ているに過ぎなかった。近藤も……沖田と枕を並べる有様だった」（『新選組遺聞』）

年が明けて慶応四年（明治元年、一八六八）一月。この年、二十七歳を迎えた総司が年賀状を書くことはなかった。

隊長近藤勇のリタイアに伴い、副長土方歳三が新選組の指揮を執る。それが序列の持つ意味合いであり、副長助勤筆頭・一番沖田総司の代行は二番永倉新八が勤める。

三日夕刻に鳥羽伏見の戦いが始まる。

京都を目指す旧幕府軍（旧幕府諸隊、会津藩兵、桑名藩兵、諸藩兵）と、迎撃する薩長軍の戦闘である。

新選組は、伏見奉行所の諸門を会津藩兵、旧幕府伝習第一大隊とともに守る。しかし、新選組の刀槍部隊では、薩摩藩の大砲や小銃部隊にはまるで歯が立たない。砲撃を浴びて奉行所も炎上したため、新選組と会津藩兵は淀城下へ退く。

四日には、薩長軍に「錦の御旗」が掲げられる。朝廷は、薩長軍を官軍と正式に認めたのだ。佐幕派の諸藩に動揺が走る。

五日、新選組と会津藩兵は、淀川堤の千両松で薩摩藩兵を迎撃する。千両松は淀川と巨椋池《おぐらのいけ》に挟まれた堤で、長い一本道となっている。その上に新選組は大砲を据えて砲撃するが、主力は刀槍部隊なので小銃には敵わない。

「薩長兵……小銃隊を進む。新撰組これに接するに、かねて撃剣に長じたれども、砲戦には不慣れなれば、難なく暫時に討ち破られ……」（『新撰組始末記』）

「千両松際《ぎわ》において激戦数刻、この時会津藩及び新撰組の者、死傷多し。迂生（私）も右腕より腋下に銃丸を受け重傷」（『芳助書翰』）

「河堤左右、死骸山の如し」（『伏水口戦記』）

惨々たる有様で、副長助勤井上源三郎ら十数人が戦死を遂げ、副長助勤山崎烝、近藤芳助らが重傷を負う。

井上源三郎は、隊士とともに堤の上で大砲を撃っていたが、敵の砲火が激しいので堤の下に避難したとき、流れ弾が腹部を貫通したらしい。享年四十。

総司にとって、哀しい「身内」の死である。

実は前年十一月に、井上源三郎の甥にあたる泰助（松五郎の次男、十二歳）も、「両長召抱人」として上洛していた。両長召抱人とは、幕臣となった近藤・土方が個人的に雇った小姓、使用人である。

従軍した泰助は、叔父源三郎の首級と刀を持って大坂へ引き揚げようとするが、重さのあまり、途中の寺の門前に埋めたという。明治になって、沖田ミツに意見した人である。

六日、土方歳三とともに戦う副長助勤は、今や食客組の永倉・原田・斎藤の三人だけになっている。

錦の御旗を恐れた淀藩は城門を堅く閉ざし、旧幕府軍の入城を拒絶する。やむなく新選組は、橋本宿［京都府八幡市］で旧幕府諸隊とともに官軍を迎撃するが、やがて橋本台場に退く。

そこへ、淀川対岸の山崎台場から津藩兵が砲撃する。津藩・藤堂家の官軍への寝返りで、新選組を含む旧幕府全軍は総崩れになり、大坂へ退却する。完全な負け戦である。なお御陵衛士残党は、薩摩藩の斥候として、鳥羽伏見の戦いに従軍した。

江戸帰還

新選組が大坂城に入ったのは七日のこと。

しかし、その前夜、徳川慶喜は会津藩主松平容保（元京都守護職）、桑名藩主松平定敬（元京都所司代）、備中松山藩主板倉勝静（元老中）らを伴い、軍艦で江戸へ脱出していた。総指令部なき大坂城は、混乱のるつぼと化す。これでは、「籠城して最後の一戦」もままならず、諸藩兵を含む旧幕府軍は解体される。

旧幕府軍の多くは、陸路を辿って和歌山方面に落ちる。そこで船を雇うなどして、東海道（伊勢湾付近の港）へ上陸後、江戸を目指す。陸行水行、艱難辛苦の旅だったという。

幸いにして会津藩兵や新選組は、旧幕府軍艦への乗船が認められる。天保山《てんぽうざん》沖には、順動丸と富士山丸の二隻が停泊中。

七日の夜、大坂城で火災が発生したため、新選組の可動隊士（戦闘に従事できる者）は、城外の八軒家に移り、八日からは江戸帰還の準備に入る。

重傷を負った近藤芳助は、大坂城内の病室にいたが、旧幕府軍の兄に背負われて淀川に出る。そこから雇った小舟で富士山丸に運ばれたという。

一方、会津藩大砲隊は、「隊員各銃を肩にしたる上に、戸板に負傷者を臥さしめたるを掲げ、八軒家に送り出す」（『会津藩大砲隊戊辰戦記』）と記録される。新選組の重傷者も同様に戸板で八軒家に移送されたと思われる。近藤勇と総司もまた同じである。

十日、新選組の負傷隊士は富士山丸に、可動隊士は順動丸に乗り込む。近藤勇、彼に付き添う土方歳三、総司は富士山丸の方である。

順動丸は十日発。乗船した永倉新八は、「正月十日というに思い出多い大阪を出帆した」（『顚末記』）と感慨を述べる。

総司の乗る富士山丸は、翌十一日に出港する。途中、重傷の山崎烝が船中で死亡したため、水葬に伏せられたという。

『新選組遺聞』に航海中の総司の話が載る。

（総司は）江戸に戻る富士山艦の中でも寝たきりであったが、他の病人達と相変わらず戯談口《じょうだんぐち》を利いて、笑ってばかりいた。

「笑うと後で咳が出るので閉口するな」といったのを近藤が聞いて、「あんなに死に対して悟り切った奴も珍しい」と、後で、牛込二十騎町の自宅で妻のつね女へ話したことがある。

たぶんツネが近藤勇五郎に語った内容だろう。

肺結核は感染症なので、本来隔離しなければならないが、狭い船内では難しかったと思われる。ただ、総司に冗談を口にするほどの気力があったのか、どうか……。

ともあれ、総司は思い出深い京都・大坂に別れを告げるが、彼も新選組も再び戻ることはなかった。

第四章　江戸編――沖田総司の最期

医学所入院

慶応四年（明治元年、一八六八）一月十二日、先発した順動丸は品川に着く。上陸した永倉新八ら可動隊士は旅宿釜屋に入る。

後発の富士山丸は、十四日に横浜に入港する。ここで重傷の近藤芳助、池田七三郎らを下ろし、フランス人医師が治療にあたる臨時病院へ収容する。

その模様を、池田七三郎は「（富士山）艦の中ではねたっきり、一先《ひとま》ず艦が横浜に入港して、われわれ負傷者を戸板にのせて上陸させ、外国人のいる病院に入れてくれました」（『新選組聞書』）と語る。

翌十五日、富士山丸は品川に到着する。

近藤勇と総司は、いったん浜御殿（浜離宮）の養生所で手当を受けた後、「近藤は御典医松本（良順）先生方へ惣司同道にて、療治に罷りあり」（『佐藤彦五郎書状』）。

松本良順が頭取を務める医学所（東京大学医学部の前身）は、神田和泉橋［台東区台東一丁目］にある蘭法の病院、西洋医学校である。ちなみに、先の頭取が故緒方洪庵だ。もう一つ、漢方の医学館が浅草向原［台東区浅草橋四丁目］にあるが、十分な銃創療法ができなかったので、軽傷者が廻される。

総司は医学所に収容される。

松本良順ら医師三人の報告書には、次のように記載される。

「新撰組隊長近藤勇、新撰組奥田庄司（以下五人）。右の者、昨十八日、医学所へ罷り越し候あいだ、疵所《きず》それぞれ療養差し加え申し候」

「奥田庄司」が総司のことで、他の隊士名は正確に書かれている。

日野から江戸に着いた佐藤彦五郎らは、二十日に医学所の近藤勇を見舞い、居合わせた土方歳三と言葉を交わすが、『佐藤彦五郎日記』には総司に関する記述はない。

姓名の誤記と考え合わせると、医学所に来た総司は名乗る間もなく、直ちに病室に隔離されて面会謝絶になったと思われる。

肺結核は空気感染する病気だ。咳や喀血が続くが、特段の治療法がない。ただ空気のいい所で、安静にして滋養物を摂り、自然回復を待つしかない。

江戸時代では、手の施しようのない死病、不治の病である。このように肺結核は、戦前までは非常に死亡率の高い病気だったが、戦後ではＢＣＧワクチン接種や化学療法によって死亡率が激減した歴史がある。

江戸に帰還した新選組隊士は百十七人。

その内、釜屋にいる可動隊士が六十三人（局長附人数二十四人を含む）、横浜入院組が二十二人、医学所・医学館入院組が三十二人となる。実に半数近くが傷病人である。

入院を前にした近藤勇は、十六日に土方歳三を伴って江戸城に登り、「閣老に謁して、再征の儀を謀るという」（『学海日録』）。

惨敗を喫したにもかかわらず、両者の戦闘意欲は衰えていない。

城中で会った佐倉藩士依田学海に鳥羽伏見の戦いの様子を聞かれ、土方歳三が「戎器非砲不可、僕佩剣執槍。一無所用」と答えたのは、このときである。

戎器は砲に非ざれば不可。僕、剣を佩《お》び槍を執《と》る。一つも用いる所無し——。

「武器は銃砲でなければ駄目です。我々は刀槍で戦おうとしましたが、一切用いることはありませんでした」と、土方歳三は明確に伝えたのだ。その言葉に誇張はない、と依田学海は記す。

新選組が得意とする白兵戦になる前に、敵の砲弾や銃弾を浴びて多くの同志が死んでいった。もはや撃剣の時代は終わった……。

実戦を体験した土方歳三の偽らざる感想だが、それは剣に生きる総司の終焉も意味する。

この頃、早くも近藤・土方は甲州出陣を企てていたようだ。十八日の記事に、「(近藤は)甲州参り、西国勢(薩長)を相防ぐ積りの御様子に御座候」(『新選組始末記』)とある。二十二日に徳川家は「新選組近藤勇その他六人」宛てに、見舞い品として蜜柑《みかん》一箱と金《かな》巾《きん》(晒用の布)六反を贈る。

六人とは、隊長近藤勇、副長土方歳三、副長助勤沖田総司・永倉新八・原田左之助・斎藤一。今の彼らの身分は幕臣ではなく、大名徳川家の家来となる。

新たな屯所も準備され、二十三日、釜屋にいた隊士は、鍛冶《かじ》橋門内［千代田区丸の内］の空き家となった大名屋敷に移る。

この日、新屯所の修繕費用として、新選組勘定方は金二十五両を「大工仙蔵相渡す」(『金銀出入帳』)。大工仙蔵は、近藤周斎の「香典帳控」に載る人物で、たぶん試衛館時代から出入りする大工の棟梁であろう。

かくして一月下旬頃には、回復した横浜入院組や医学所・医学館入院組も、鍛冶橋屯所に集まる。その間、総司に関する情報はまったくない。医学所の一室で寝たきり状態だった、と思われる。

甲州出張

一月、徳川慶喜を朝敵と見做した新政府（朝廷）は、「慶喜追討令」を発して東海道軍、東山道軍、北陸道軍の三軍を編成する。目的は江戸城攻撃にある。

それに対して、徳川家軍事総裁の勝海舟は武備恭順策を採る。和戦両様の構えである。徳川家の所領と家来を守るため、新政府へ全面降伏するのではなく、条件折衝次第では戦闘も視野に入れるというスタンスだ。

近藤・土方の強い要望もあり、武備恭順策の一環として、勝海舟は新選組の甲州派遣を決める。名目は旧幕府脱走兵などの暴徒鎮撫だが、実際の目的は官軍東山道軍が押し寄せる前に甲府城［山梨県甲府市］を接収すること。

かくして新選組は甲陽鎮撫隊（甲州御用鎮撫隊）を結成する。

軍資金は徳川家、会津藩、松本良順が準備し、大砲六門、小銃二百挺などの武器弾薬は徳川家から支給される。中核は新選組隊士八十人で、歩兵が百人ばかり。

甲州への出発日は、二月三十日と決まる――。

新選組勘定方の出納簿を、『金銀出入帳』という。その支出項目から、甲州出張直前の総司の様子を垣間見ることができる。彼に関係する項目を抜粋したい。

①二月二十六日　一金二十両　大工払沖田渡

一月以降、大工仙蔵への直接支払は五回あり、二十六日の「大工」も仙蔵と思われる。したがって、記事は「勘定方は、総司に大工仙蔵への支払分二十両を渡した」となるのだろうが、資金使途は不明である。

ただ、資金の受け渡しに総司が介在しており、出張前に総司の療養先が手当され、隔離用病室の修繕代（造作代）支払事由がすでに発生していた。

もしくは療養先の手当はこれからだが、甲州では戦闘もありうるので、事前に一定金額（前渡金）を総司に預けた。後者であれば、未着手なので他の大工を使うケースも考えられる。

さらにいえば二十両は、鍛冶橋屯所の修繕代二十五両と大差ない金額だから、病室修繕代のみならず、総司の療養費も含んでいた可能性がある。

②二月二十八日　一同五百九十五両　四十九人、二十一人甲（州）行手当

甲州出張手当（支度金）として、鍛冶橋屯所にいる隊士四十九人に各十両、局長附人数二十一人に各五両が支給される。

③同日　一同三百両　二十騎相渡し

二十騎町に住む近藤留守家族（ツネ、タマ、勇五郎）へ渡した金である。間もなく留守

家族は中野の成願寺に移り、二十騎町の家は試衛館世話役の門人福田平馬に譲る。
④同日　一同五十両　宮川神前
前年十二月、天満屋騒動で討死した宮川信吉の神前に供える香典だ。内四十二両は、紀州藩からの香典である。
⑤同日　一同十両　沖田渡す
甲州出張手当（②）と同額であり、総司も甲陽鎮撫隊に同行したと思われる。ただし、鍛冶橋屯所の隊士支払分とは別項目なので、総司は医学所にいた可能性が高い。
⑥二月二十九日　一同金六両二分　沖田遣わす
出発を翌日に控え、勘定方は直接総司に資金を渡せず、誰かに持参させた。それが「遣わす」のニュアンスだと思う。

金額の六両二分は、『金銀出入帳』の中で唯一、「三十四日　一同六両二分　萬てる壱ッ」と同額なので、総司の「萬てる」代と考えられる。

新暦では三月二十二日だが、内陸部の山々ではまだ寒さが残る季節だ。そこで、病人総司は寒さ避けの「マント」（外套）を購入したのだ。ある意味、総司が甲陽鎮撫隊に同行した具体的な証拠だと思う。

以上の支出項目から推定できるのは、次のような流れである。

甲州出張を強く望む総司は手当十両を受け取り、別途、防寒マントを購入する。ただし、それは甲州御用が済み次第、隔離病室に入るという条件付きなので、勘定方は病室の修繕代二十両も事前に総司に渡した――。

総司が甲州出張を望んだ理由は、近藤勇に同行しなければ、彼の「生きる根拠」がないからだ。その無理を聞く代わりに、近藤・土方は事後の養生を約束させたのだろう。

同じ頃、江戸市中見廻りを勤めた新徴組は、庄内藩士とともに帰国することとなり、二月二十六日、四谷伝馬町に居住していた沖田林太郎とミツは、子供ら（長男芳次郎、長女イシ、次女クマ）を伴って庄内へ向かう。苦労した林太郎一家は、明治五年七月に同地を脱して東京に戻る。約四年半後のことである。

三根山藩士中野伝兵衛とキンも、前日の二十五日に越後国へ出立した。

総司の姉二人は江戸を離れたのである。それも、総司が甲州出張への同行を願った一因かもしれない。誰も看病してくれる人がいない……。

甲陽鎮撫隊

二月三十日、甲陽鎮撫隊は鍛冶橋屯所を出発する。

その幹部を、『報国記事』は「隊長近藤勇（改名大久保剛《たけし》）、副長土方歳三（改名内藤隼人《はやと》）、副長助勤永倉新八・原田左之助・斎藤一、諸士調役大石鍬次郎」と記し、総司の名は見当たらない。

だが、病人総司はたぶん駕籠に乗って従軍したと思われる。

当日は内藤新宿泊まりで、三月一日は二十二キロ先の府中に宿泊する。翌二日の午前、府中から九キロ先の日野宿・佐藤邸で、近藤勇らは休憩を取る。

「京都以来の新選組隊士、沖田総司、永倉新八、原田左之助、斎藤一……などは、天下直参青だたき裏金輪抜けの陣笠を冠り」（『聞きがき新選組』）

佐藤家には、このように総司も同行したという伝承がある。青色の陣笠は御目見以上（旗本）が許されたものだ。なお、同行した近藤勇の小姓井上泰助は、日野に残留する。

ここで佐藤彦五郎率いる春日隊（農兵二十数人）が、甲陽鎮撫隊への同行を願い出る。

そのときの総司の話が佐藤家に伝わる。

打ち合わせも済んで、いよいよ出発となった。玄関敷（式）台に降り立った沖田総司は、見送っている祖母始め大勢を顧み笑いながら、「池田屋で斬り捲《ま》くった時は、かなり疲れましたが、まだまだこの通りです」と、相撲の四股《しこ》踏む真似をして、敷台の板床に音立てた。

見送りの中にいた、土方為次郎（歳三の長兄）がこれを聞いて、偉い偉い、その勇気で押通せッと、大声で鼓舞していた。（『聞きがき新選組』）

実は、多摩には他にも伝承がある。総司の友人である常久村［東京都府中市］の関田庄太郎の談話だ。後年、関田庄太郎は息子に次のように語ったという。

「近藤勇が沖田に、お前は病人だ、病人は病気を治すのが役目だ、新選組のことは心配するな、といってムリに関田家へあずけたんだ」（『知られざる沖田総司』）

甲陽鎮撫隊は、名主の関田家を負傷者用の診療所と考えていたようで、総司も関田邸で療養したという伝承だ。

日野宿佐藤邸を出発したものの、そこで総司の気力が尽きたため、近藤勇に説得されて府中まで引き返し、友人宅で療養した――。

現在の京王線・多磨霊園駅の付近である。そして数日後、かつて通い慣れた甲州街道を、総司は駕籠で江戸に引き揚げたのだろう。

向かった先は今戸［台東区今戸］と思われる。

甲陽鎮撫隊は、御用が終わり次第、落ち合う場所を今戸の称福寺と決めていたからだ。近くの今戸神社には、後援者の松本良順宅がある。

甲陽鎮撫隊は、小仏峠、笹子峠を越えて甲州街道を西に進む。

一方、中仙道を下る官軍東山道軍は、そのまま中仙道を進む本隊と、下諏訪から甲州街道を進軍する分隊に分かれ、逸早く東山道軍分隊は甲府城を占拠する。

誤算が生じた甲陽鎮撫隊は、三月六日、甲府東方の勝沼付近で東山道軍分隊と戦うが、その銃撃を浴びて一敗地に塗《まみ》れる。甲州街道を東へと敗走した甲陽鎮撫隊は、十日に「江府（江戸）、今戸に至りて休陣す」（『立川主税戦争日記』）。

鳥羽伏見に続いて重傷を負った池田七三郎も、戸板で今戸の称福寺に担ぎ込まれる。

その頃、江戸に迫る官軍の東海道軍と東山道軍本隊は、江戸城総攻撃を十五日（後に四月十一日に延期）と定める。事態は切迫しており、直ちに斎藤一は傷病兵二十数人を引率して、今戸から会津へ旅立つ。

また長年の確執が表面化して、十一日には永倉新八と原田左之助が、一統九人とともに新選組を離れる。

甲陽鎮撫隊の敗走時、近藤勇は「永倉・原田に隊を任せる」と伝える。それを信じた永倉・原田は、江戸に戻った後に今戸の松本良順を訪ねて軍資金を借り、同志とともに会津行きを決める。

両者が「会津行き」を近藤勇に伝えたところ、「私的な決議には加盟しない。ただし、拙者の家来となって働くならば同意しよう」（意訳、『顚末記』）といわれたため、激した永倉新八は分離を申し出たという。

壬生浪士組結成以来、直門を偏重する近藤勇は食客組を冷遇し続けた。

直門の井上源三郎は鳥羽伏見で戦死を遂げ、総司も病気でリタイアしたにもかかわらず、「殿様」の近藤勇は、甲陽鎮撫隊で永倉・原田を重用しなかった。

そのため、積年の恨みが一気に爆発したのである。以降、永倉・原田一統は「靖共隊」を結成して北関東を転戦する。

近藤・土方率いる新選組は、十三日から五兵衛新田［足立区綾瀬］の金子邸に駐屯し始める。これは勝海舟の指示によるもので、大義名分は「武総鎮撫」、船橋・松戸辺りの暴徒取締となる。金子邸を斡旋したのは松本良順で、そこで徳川家陸軍歩兵部隊と合流する。

もう近藤・土方の周りには、副長助勤クラスは誰もおらず、古参隊士も大石鍬次郎（直門）、安富才助、島田魁、横倉甚五郎（直門）、近藤芳助らを数えるだけである。

新たな療養先

これまで述べたことを時系列で示そう。

〈二月三十日：総司は甲州出張➡三月二日：総司は日野でリタイア・府中関田邸で療養➡

六日：甲陽鎮撫隊惨敗・総司は今戸松本宅で療養↓十日：今戸の鎮撫隊負傷者が会津出発↓十一日：永倉・原田一統の分離↓十三日：新選組が五兵衛新田屯集〉

甲州出張以降、わずか二週間で事態は目まぐるしく動くが、十五日に予定された江戸城総攻撃が、新選組の五兵衛新田転陣はもとより、総司の療養先にも大きな影響を与える。

実際に総司が死亡した場所は千駄ヶ谷だが、永倉新八は次のように記す。

白川脱藩　沖田総司　江戸浅草今戸八幡松本順先生宿にて病死。（『同志連名記』）

というのも、十日に松本良順（明治以後は松本順）を訪ねたとき、永倉新八は松本宅で寝たきり状態の総司を目撃したからだ。後に総司の死亡を知った永倉新八が、疑いもせずに「今戸で病死」と記録したのはそのためである。

江戸城総攻撃が迫る中、松本良順は医学所の患者数十人を称福寺に移す。

「予（松本）は家族を携えて同町八幡宮の社中に寓し、日々称福寺に至り、病者を療す」（『蘭疇』）

三月下旬になると、門人六人を連れた松本良順は、負傷兵治療のために会津へ向かう。医学所は閉鎖され、頼みとする松本良順は不在。すでに姉二人は江戸を離れ、新選組は五兵衛新田へ転陣する。

江戸で独りきりになった総司は、新たな療養先、隠れ家へ移る必要に迫られる。五兵衛新田の金子邸には、もう「物の役に立たない」総司の居場所はない。第一、それを近藤勇が許すはずがない。

甲州敗走後の近藤・土方は、「甲州御城をも一度攻め取る了簡これあり」(『報国記事』)と、甲州再戦に意欲を燃やしている。

千駄ヶ谷の植木屋平五郎宅。それが新しい療養先である。

病室に造作するため、総司は預かった二十両の一部を大工に支払う。修繕工事の間は、中野の成願寺［中野区本郷］に逗留したようだ。近藤勇五郎は語る。

(ツネとタマは)勇が甲州へ出発して間もなく、牛込二十騎町の家を引き払って、江戸郊外中野村本郷の成願寺という寺の座敷を借りて住んでいました。私(勇五郎)もたていはこの寺に一緒に暮らし、沖田総司も、しばらくいたことがあります。(『勇五郎思出ばなし』)

次の「近藤勇五郎談話」では、総司が千駄ヶ谷に移った時期を二月末とするが、三月中旬以降と思われる。

（総司は）松本良順の自邸の一室で治療を受けていたが、二月の末になって、淋しい江戸も春らしくなると、郊外千駄ヶ谷の或る植木屋の離れ座敷を借りて、ここに駕籠にゆられて引き移った……。

たしか「植甚《うえじん》」というのであったが、家の周囲は広々とした畑と田畝《たんぼ》で、雑木林の森が、どっちを向いても青く見えた。

わら葺き屋根で、八畳か十畳位の座敷、南と東に向いて粗末な縁側がついていて、一日いっぱい障子に陽《ひ》が当たって、時々鳥影がさした。（『新選組遺聞』）

療養に適した離れ座敷のようだが、子母澤寛は『新選組物語』の方では納屋とする。

「（総司は）今、新宿御苑の前通りになっている千駄ヶ谷池橋尻（池尻橋）の際《きわ》にあった植木屋の平五郎というものの納屋《なや》に隠れ……」

納屋を座敷に改造するため、大工を入れたのかもしれない。

ともあれ、移転後の総司の様子を、近藤勇五郎は「（総司は）千駄ヶ谷の植木屋へ移ってから、成願寺へわざわざ駕（駕籠）でやって来て、幾日も幾日も一緒にいるというような風です」（『新選組遺聞』）と述べている。

多摩の佐藤彦五郎は春日隊を結成して、甲陽鎮撫隊に参加した。小島鹿之助も小野路農兵隊を組織して、甲陽鎮撫隊に合流しようとした。だが、義兄弟の近藤勇は五兵衛新田へ去り、官軍東山道軍分隊は甲州街道を東へ進軍中。千人同心も解体の憂き目に遭う。

江戸には、試衛館の世話役である寺尾安次郎と福田平馬がいるが、気力、体力が衰えた総司にとっては、昔、試衛館で同居したツネの許を訪ねるのが唯一の慰めだった。

たとえ一里（四キロ）を駕籠に揺られても、今は何事にも代え難い。

かつて総司の死亡地は、二つの説に分かれていた。

○今戸説：松本良順宅、永倉新八の記録

○千駄ヶ谷説：植木屋平五郎宅、子母澤寛の著作（近藤勇五郎談など）

植木屋平五郎

ところが、直接、近藤勇五郎から死亡地を聞いた人物が存在したのだ。

近藤勇の門人だった多摩郡野崎村［東京都三鷹市］の吉野泰三であり、明治二十二年（一八八九）に「近藤勇五郎に質《ただ》しこれを記す」として、次のように記す。

「沖田総次は近藤勇の門人、奥州白川阿部侯の臣、明治元辰年（五月）三十日、東京千駄ヶ谷に於いて病死」（『吉野家文書』）

総司は、今戸ではなく、千駄ヶ谷の植木屋平五郎宅で最期を迎えたのである。平五郎（明治以後は柴田平五郎）は、当時三十三歳で総司より六歳年上である。家族に、妻の嘉代、長女トラ（八歳）、次女のワカ（若、四歳）、長男の松五郎（一歳）がいる。

その人物などに触れる前に、混乱を避けるために地名の変遷を記しておきたい。平五郎宅があった場所は、幕末は千駄ヶ谷村字池尻《あざ》で、『新選組物語』の「池尻橋」の記述と合致する。

明治時代になると、〈東京府四谷区千駄ヶ谷大番町→四谷区大番町〉と町名が変わり、昭和十八年に大番町と右京町が併合されて大京町となる。

現在の地名は東京都新宿区大京町。

JR中央線信濃町駅と千駄ヶ谷駅の間に位置し、JR中央線の北側にある新宿御苑の正門前にあたる。

では、総司と平五郎の接点はどこにあっただろうか？

それに触れたものはほとんどないが、菩提寺専称寺の前住職が書いた記事（『新選組大事典』所収）によると、おおよそ次のとおり。

総司の隠れ先を、近藤勇から相談された米津家《よねきつ》（出羽長瀞藩《ながとろ》）家臣の笹原嘉門《かもん》は、近藤勇や総司と剣術を通じて親しかった。

藩に出入りする植木屋平五郎は、笹原嘉門の気風に好意を持っていたので、総司の受け入れを承諾した。笹原家と沖田家はともに専称寺の檀家である——。

専称寺の言い伝えらしいが、笹原嘉門と近藤・総司の関係などが今一つ不透明だ。

実は『土方歳三波濤録』によると、平五郎の長女トラの嫁いだ先が、長瀞藩一万一千石［山形県東根市］の藩士だった笹原家という。

笹原家は専称寺の檀家なので、トラの墓もそこにあるのだが、総司の死亡時、八歳だった彼女はまだ結婚していない。したがって、後年に縁はできるにしても、慶応四年時点の接点とは言いづらい面がある。

しかし、平五郎が「大名屋敷出入りの植木屋」だったのは確かである。

というのも、彼の墓碑（『土方歳三波濤録』所収）に、そのことが刻まれているからだ。

天保七年（一八三六）に渋谷で生れた平五郎は、新宿の庭師の許で修業して、二十五歳のときに庭師の娘と結婚した。

文久二年に四谷区大番町（明治期の地名、現在の新宿区大京町）に移り、「永井信濃守、松平能登守その他諸侯邸に出入り」して家運を興した——。

結構繁盛した植木屋のようだ。『新選組物語』にも、「宿主の平五郎は、本所辺の旗本屋敷へ出入りして、多少の扶持米を貰い、裕福なくらしであった」とある。

永井尚志の仲介

結論を先に書けば、総司と平五郎の接点は「出入りの大名屋敷」にあり、仲介者は近藤勇と親しい永井尚志（主水正、玄蕃頭）だと思う。

ヒントは、碑文の「永井信濃守、松平能登守その他諸侯邸」にある。

元幕府大目付永井尚志は、鳥羽伏見の戦いの後は江戸で閉門処分となっていた。しかし、抗戦派の彼は、八月に榎本武揚率いる旧幕府艦隊に乗船して仙台経由蝦夷地に赴き、明治二年（一八六九）の箱館政府樹立時には箱館奉行に就く。

土方歳三は箱館政府の陸軍奉行並、箱館新選組の職務は箱館市中見廻りと、最後まで新選組と縁の深い人物である。

三河国奥殿《おくとの》藩主・松平主水正乗尹《のりただ》の子として生れた永井尚志は、旗本の永井能登守尚徳の養子になった。

まず実家の松平家は、初期の松平一族で大給《おぎゅう》松平家といわれた。代々の藩主は縫殿頭《ぬいのかみ》に就いたので、これを①大給松平縫殿頭家としよう。

その一族が②大給松平能登守家で、下屋敷は本所［墨田区］にあった。先の『新選組物語』に書かれたのと、同じ場所である。
①大給松平縫殿頭家：三河国奥殿藩一万六千石［愛知県岡崎市］、永井尚志の実家
②大給松平能登守家：美濃国岩村藩三万石［岐阜県恵那市］

次に養子先の永井家の歴史を紐解こう。

徳川家康が羽柴秀吉と戦った小牧長久手の戦い（一五八四）で、織田家宿老の池田恒興《つねおき》（輝政の父）を討つ殊勲を挙げた永井直勝は、大名に取り立てられる。

跡を継いだのが永井信濃守尚政（大和国淀十万石）で、現在の「新宿区信濃町」の地名は、彼の下屋敷があったことに由来する。元々は信濃殿町という。

余談ながら、池田輝政の子孫である岡山藩池田家と鳥取藩池田家にとって、永井信濃守家は先祖の「仇敵」にあたる。そのため、将軍家は江戸城中で両家が顔を合わせないように配慮したという。恨みとはそれほど深いものだ。

その永井信濃守尚政の三男・尚庸《なおつね》の代に、④〜⑥を含めた数家に分かれる。
④永井肥前守家：美濃国加納藩三万二千石［岐阜県岐阜市］
⑤永井信濃守家：大和国櫛羅《くじら》藩一万石［奈良県御所市］
⑥永井能登守家：旗本二千石、永井尚志の養子先

鳥羽伏見の戦いが起こる直前、永井尚志は、京都にいた妻子を本家の④に避難させたが、官軍の進軍が懸念されたので、さらに実家の①に移す。本家、実家との緊密な関係を、永井尚志は維持していたのである。

『江戸切絵図集成』を見ると、永井一族五家（④肥前守家、⑤信濃守家、高槻藩永井飛騨守家、永井金三郎家、永井鉄弥家）の下屋敷は信濃町に所在し、かつ隣接していた。

永井一族の下屋敷は、現在の慶應義塾大学医学部・慶應義塾病院の辺り。平五郎の家は、すぐ近くの新宿御苑正門前（外苑西通り沿い）と推定される。

大名家の江戸屋敷は上下に分かれ、上屋敷は市中に所在する公邸、下屋敷は郊外の別邸（別荘）である。下屋敷は、市中で火事が発生した際の避難先でもある。なお、中屋敷がある大名家は、先代などの隠居や跡継ぎがそこに居住する。

下屋敷には、大名が散策する庭園が造られるので、庭師の需要が非常に高い。

回遊式の大名庭園として名高い駒込の「六義園《りくぎ》」は、柳沢出羽守吉保の下屋敷だ。また、新宿御苑の一部は内藤駿河守家（信濃国高遠藩）の下屋敷で、内藤新宿の地名も内藤家に由来する。

さて、平五郎の出入りした「永井信濃守、松平能登守邸」とは、それぞれ⑤と②にあたり、ともに永井尚志の親戚である。そして平五郎が⑤ばかりでなく、④などの永井諸家の庭師を勤めたことは、まず疑う余地がないだろう。

参考までに記すと、④永井肥前守家の上屋敷は日本橋浜町、中屋敷は日本橋蠣殻《かきがら》町、下屋敷は信濃町にあった。⑥の永井尚志の屋敷は、④の中屋敷の隣だ。⑤永井信濃守家の上屋敷は一番町（現在の英国大使館）、下屋敷が信濃町である。


整理して記そう。

病人総司の隠れ家を心配する近藤勇は、永井尚志に相談する。

新選組の行く末とともに、近藤勇はもう一つ切実な問題を抱えている。

それは、総司は天然理心流の後継者ということだ。近藤（谷）周平はすでに離縁の身。右肩を撃たれた近藤勇は、撃剣師匠としての復帰は不可能に近い。四代続く「天然理心流相伝」のために、どうしても跡継ぎの総司に回復してもらいたい。天然理心流を、自分の代に絶やすわけにはいかないのだ――。

広島出張時、遺言を書いた近藤勇は、それを永井尚志に披露していたのかもしれない。

相談を受けた永井尚志が、本家の永井家・実家の大給松平家、その他の親戚に心当たりを探してもらうと、出入り業者の中から義侠心のある平五郎が浮上する。

療養先が決まった背景には、このような「永井ルート」があったと思う。

もう一つ、総司と永井尚志を結ぶ線がある。

それは、沖田林太郎が記す弟「永井信濃守御家来　濃州加納藩　島田勝次郎」（『戸籍届下書』、33ページ参照）の存在である。

右に記したとおり、〈④肥前守家＝加納藩、⑤信濃守家＝櫛羅藩〉なので、『戸籍届下書』の書き振りには矛盾が見られるものの、総司の義兄弟にあたる島田勝次郎が、④、⑤のどちらかに奉公していたのは間違いなさそうだ。とすれば、島田勝次郎も総司の面倒を見ていた可能性はある。もし信濃町の下屋敷詰めであれば、なおさらである。実は、林太郎一家が住んだ四谷伝馬町の家からも、平五郎宅はさほど遠くない場所に位置するのだ。

ちなみに、明治後年に総司の内妻の墓参りにきた酒井意識は、⑤櫛羅藩士の養子で実父も同様である。単なる偶然とは思えないが、今はそれ以上探る手立てがない。

総司の死

当時、三人の子供がいる家で、感染症患者を預かるのは容易なことではない。

男義のある平五郎（柴田平五郎）の孫の孫（玄孫《やしゃご》）にあたるのが、女優江波杏子《きょうこ》である。江波杏子の父の話（『土方歳三波濤録』所収）では、平五郎宅が「沖田総司が労咳を患って亡くなった家」とは聞いているが、平五郎と総司にどのような関わりがあったのかは不明。また、文書や遺品といった資料もないという。

総司の療養中、四月一日に新選組は五兵衛新田から下総国流山［千葉県流山市］に移るが、三日、官軍東山道軍本隊に本陣を包囲される。

申し開きのために近藤勇は、旗本大久保大和と名乗って官軍に出頭する。その後、土方歳三や試衛館世話役の福田平馬が、個別に勝海舟に近藤救援を依頼する。

しかし、御陵衛士残党で薩摩藩付属の加納鷲雄、武川直枝が「面通し」を行った結果、正体が発覚した近藤勇は二十五日に板橋で処刑される。総司が死ぬ一ヶ月前のことだ。武士であれば切腹が認められるが、近藤勇は身分を僭称する浮浪として扱われたので、斬首刑とされた。享年三十五。

処刑の模様を見た近藤勇五郎は、試衛館世話役の寺尾安次郎の段取りで、二日後に実家の宮川家の人々とともに近藤勇の遺骸を掘り出して、多摩郡大沢村の龍源寺に葬った。

靖共隊を結成した原田左之助は、永倉新八と別れて江戸に戻り、上野に屯集する彰義隊に参加する。が、五月十五日の上野戦争で銃撃され、二日後に死亡する。享年二十九。

近藤出頭後、流山から江戸市中に潜入した土方歳三は、勝海舟を訪問後、江戸城明け渡しの当日、洋式部隊を中核とする旧幕府陸軍脱走に参加する。

その後、〈宇都宮→会津→仙台〉と転戦した土方歳三は、蝦夷地に渡る。翌明治二年に箱館政府が樹立されると、陸軍奉行並に就任するが、五月十一日の官軍との戦闘で戦死を遂げる。享年三十五。詳しくは、拙著『土方歳三　新選組を組織した男』を参照いただきたい。

総司が死んだのは五月三十日、新暦では七月十九日にあたる。享年二十七。

総司の死に際《ぎわ》の話は、二通りある。いずれも子母澤寛の伝えるものだ。

まず『新選組遺聞』（「沖田総司房良」）には、次の記述がある。

「勇が板橋で刑死したことは、兄の林太郎がすぐに聞いたが、故意《わざ》と、臥《ね》ている総司には知らせなかった。それに、この家へ時々見舞に来る人達にも堅く口止めをしたので、みんな黙っているので、『先生はどうされたのだろう、おたよりは来ませんか』と、死ぬ前の日まで、それをいっていた」

「この林太郎と、姉（ミツ）とに介抱されながら、天才剣士沖田総司が離れ座敷で病みほうけて死んだ……」

林太郎とミツが江戸にいる前提で書かれているが、実際はすでに庄内にいる。その意味では大きな「誤解」があるのだが、総司は近藤勇の死を知らなかったと思う。

もう一つの『新選組物語』（「隊士絶命記」）に書かれるのが、有名な「黒猫が斬れない」

『嘉永３年江戸切絵図尾張板』より作成

の話だ。こちらでは、林太郎一家は庄内に発ったとしており、総司の介抱をするのは老婆である。少し長い話なので、ダイジェストしよう。

死ぬ二、三日前、総司が庭に出ると黒猫がいる。老婆に刀を持って来させた総司は、黒猫を斬ろうとするが、「ばアさん、斬れない」という。次の日も斬れずに「俺ア斬れない」と叫んで、意識不明になって倒れる。

翌三十日の昼頃、総司は「ばアさん、あの黒い猫は来てるだろうなア」という。これが最後の言葉となり、夕方に息を引き取った。

「この話は、介抱の老婆から、後

に沖田林太郎夫婦に語った実話である」――。

実話とされる以上、記述どおりかもしれないが、〈黒猫＝不吉〉という考えは、明治以降に西洋思想が入ってからで、江戸時代の黒猫は福猫とされた。福を呼ぶ「招き猫」に黒猫があるのは、そのためである。

また江戸時代には、黒猫を飼うと労咳（肺結核）が治る、という迷信もあったらしい。とすれば、元は「回復を祈る総司は、庭で黒猫を飼った」という話だったのかもしれない。

表現が適切かどうかは別として、肺結核が「美化」されたのは、徳冨蘆花の家庭小説『不如帰《ほととぎす》』（明治三十一年）の影響が大きい。

肺結核を理由に継母によって夫の武雄と離婚させられ、死んでいく浪子の科白が、有名な「人間はなぜ死ぬのでしょう！　生きたいわ！　千年も万年も生きたいわ！」であり、タイトルは、「泣いて血を吐く不如帰」に因むものだ。

死ぬ間際、総司は悟り切っていたのではなく、むしろ煩悩の中にいたと思う。どうしても、生きたい理由があったからだ。

それが、前に記した総司最後の言葉である。

「虜輩を斬るにあたりては、万て狩るのみ。歿するに臨み、この罵りを絶えず口にす」

死に臨んだ総司は、猫が斬れないと錯乱したのではなく、「罵言《ばげん》」を繰り返しながら没したのだ。

『新選組始末記』に、「勇の為には身命を鴻毛《こうもう》の軽きに比した沖田総司は」という一節がある。「命は鴻毛（羽毛）よりも軽い」とは、「命を捨てても少しも惜しくない」の意味だ。総司が命を捧げる近藤勇が、御陵衛士残党に狙撃されたのは、まだ半年前に過ぎない。狙撃者の正体を知らずに終わったのだろうが、総司は目に見えぬ敵に復讐を誓ったのだ。恨みを晴らすまでは、死ぬに死ねないと――。

その仇討の気力だけが、彼の命に火を灯し続けたのだと思う。

絶望の淵にありながら、最後まで総司は殺伐としていたのである。しかし、彼の死は武闘派の面を覆い隠してしまい、むしろすべてを失った者の儚《はかな》さ、虚しさを感じさせるほどだ。それは、戒名「賢光院仁誉明道居士」の放つ奇妙な明るさにもいえる。明るいがゆえに、孤高の病剣士の死はより悲劇的なのである。

総司の最期を看取ったのは、老婆なのか、別の者か、それとも誰もいなかったのかは、わからない。

ただ、誰かが総司の遺体を専称寺に運んで、墓の建立を依頼して永代伺堂（供養料）五両を払ったのは間違いない。専称寺の伝承によると、「総司の遺体は夜中ひそかに寺に運ばれ、こっそり埋葬されたそうである」（『沖田総司おもかげ抄』）。

実はあえて冒頭で触れなかったのだが、総司の墓の正面には、①「宝握全入信士《ほうあくぜんにゅうしんじ》」、②

「賢光院仁誉明道居士」、③「宝閣燿雲信士」と三人の戒名が連刻され、中央の②が総司のものだ。

左右の①と③は、過去帳からともに俗名を「大野源治郎」といったことが確認される。没年が異なるので、おそらく世襲名を名乗った親子だろうが、どこの誰ともわからない。

三名連刻は、依頼人や寺の判断ではなく、総司の意思が反映されたものだ。しかし、沖田家と大野家の関係はいまだ不明である。

総司を埋葬したのは、①江戸市中在住で平五郎宅を知る人、②総司の前名「宗治郎」を知る人、③沖田家の菩提寺を知る人、④復讐の罵言を小島家に伝えられる人——。

少なくとも、右の条件を充たす人物といえるだろう。近藤勇五郎には立ち合った形跡がなく、江戸にいない林太郎夫婦や多摩の関係者も除外される。

そうなると、義兄弟の島田源次郎か、試衛館世話役の寺尾安次郎（田安家詰め）・福田平馬くらいしか、私には思い浮かばない。実は、田安家の下屋敷も平五郎宅の近くなのだ。だが、それはもう想像の領域と言わざるをえない。

文久三年三月に壬生浪士組を結成した十七人の最期は、次のとおり。

〇文久三年・暗殺三人（芹沢鴨、平山五郎、佐伯又三郎）、切腹二人（新見錦、野口健司）、病死一人（安比留鋭三郎）、脱走二人（粕谷新五郎、平間重助）

○元治元年：切腹一人（山南敬助）
○慶応三年：討死一人（藤堂平助）
○慶応四年：戦死二人（井上源三郎、原田左之助）、刑死一人（近藤勇）、病死一人（沖田総司）
○明治二年：戦死一人（土方歳三）

おそらく土方歳三は、「総司の死」を知っていたと思う。というのも、箱館まで行った永井尚志が、その情報をもたらした可能性が高いからだ。

箱館新選組に在籍した近藤直門の横倉甚五郎も、「江府にて病死　沖田総司」（『元新選組連名』）と、病死の事実を書き残している。

壬生浪士組の結成者で生き残ったのは、永倉新八と斎藤一の二人だけで、ともに大正四年（一九一五）まで生きた。永倉新八が建立に尽力した寿徳寺境外墓地の「新選組慰霊碑」［北区滝野川］にも、沖田総司の姓名が刻まれている。

慶応四年中に江戸は東京と改称され、慶応四年は明治元年に改元された。だが、総司はそれを知らずに没した。

最後に総司の死を記した記事を掲げたい。

「沖田房良、総司と称す。白川の人。撃剣は新選隊の巨擘《きょへき》（第一等）と称せられる。明治戊辰五月、病みて江戸に没す。年二十有七」（『両雄士伝』）

あとがき

私が大学に入った頃は、七十年安保と大学紛争の真っ只中で、ほとんどの授業が休講だった。「ワセダ・ミステリ・クラブ」に入って、ミステリや映画に浸る毎日だったが、それでも暇は十分にある。

そこで、私は知り合いの沖田総司ファンの女子大生とともに、大好きな新選組の「史蹟巡り」を始めた。

専称寺に眠る総司の墓（現在は非公開）を、二人で初めて訪れたのは昭和四十五年（一九七〇）五月末と記憶している。総司の命日である。

初夏のまぶしい日差しの中、地下鉄六本木駅から歩いた。寺まではさほど遠くなかった。まだ六本木の街も喧騒としておらず、長閑《のどか》なものだった。

「ああ、こんなに小さい墓なのか」というのが、率直な第一印象だった。

それから四十五年の歳月を経て、本書を上梓できたことを本当に嬉しく思う。

総司が登場する映画で、最初の記憶があるのは『近藤勇　池田屋騒動』（昭和二十八年）。池田屋事変の前、すでに総司（徳大寺伸）は肺病を患っている、という設定で、近藤勇（嵐寛寿郎）から安静を命じられる。しかし、新選組の池田屋襲撃を聞いた総司は、幽鬼の如く京都市中をさまよい、「先生！」と叫びながら池田屋を目指す——。

テレビでは、ドキュメント時代劇というべき『新選組始末記』（TBS、昭和三十六年）に夢中になった。主演は近藤勇役の中村竹弥で、土方歳三を戸浦六宏、総司を明智十三郎が演じた。明智十三郎は、新東宝の時代劇スターだった人だ。

このドラマのお蔭で、当時、中央公論社から出版されたばかりの子母澤寛全集第一巻『新選組始末記』と出会い、私はむさぼるように読んだ。

書誌的なことはややこしいので省くが、現在、中公文庫から刊行されている新選組三部作の『新選組始末記』『新選組遺聞』『新選組物語』を、著者自身が『新選組始末記』のタイトルで一巻本に編集し直したものである。

この合本版『新選組始末記』の「あとがき」には、最後の新選組隊士・池田七三郎（明治以降は稗田利八）に子母澤寛が取材したときの生々しい話も載っており、それだけでも一読の価値はあると思う。

現在のテレビ東京が開局したとき、記念番組として放映されたのが司馬遼太郎原作の

『燃えよ剣』（昭和四十一年）だ。近藤勇役が小池朝雄、土方歳三役が内田良平、総司役が杉良太郎というキャストだった。ドラマ自体はそれほどでもなかったが、北島三郎が唄う主題歌「燃えよ剣」が大変良かった。武蔵野育ちの私は、今でも口ずさむことができる。

新選組ブームが訪れたのは、テレビ朝日のドラマ『新選組血風録』（昭和四十二年）と『燃えよ剣』（昭和四十五年）の影響が大きい。

土方歳三役が栗塚旭、総司役が島田順司、斎藤一役（『新選組血風録』）が左右田一平と、これ以上ないというくらいの適役だった。島田順司が演じる総司を観て、ファンになられた方も多いと思う。ちなみに、徳大寺伸は『新選組血風録』で原田左之助に扮した。

今は亡き栗本薫（中島梓）やつかこうへいも、総司のファンだった。

栗本薫の『夢幻戦記』全十五巻は、総司を主人公にした小説の中では最も長い。

つかこうへいの芝居『幕末純情伝』を、どこで観たかは忘れてしまったが、総司が女性という設定で後に映画化（牧瀬里穂主演）された。

「池田屋の襲撃の時に喀血《かっけつ》していらい、肺病を患い療養生活に入っていく儚《はかな》さ、そして剣豪としての華、誰からも愛され、人斬り集団という汚名ばかりを浴びてきた新撰組が、その人柄で『誠』と『清』のイメージを固定させていった総司の姿に、時代を動かす影の存在としての限りない華を見た」（「つか版新撰組　沖田総司の虚実」）

総司の魅力を見事に伝える文章だが、私の場合はできるかぎり、「総司の真実、実像」に迫るというスタンスであり、それは新選組人物伝シリーズの『土方歳三　新選組を組織した男』『斎藤一　新選組最強の剣客』（ともに中公文庫）とまったく変わらない。

私なりの結論を一言でいえば、総司は「哀しき武闘派」だった——。

総司は、師匠近藤勇を狙撃した者に復讐を誓うが、恨みを果たせずに死んでいく。その時代、武士は「物の役に立つ」必要があった。物とは合戦のことを指す。しかし、肺結核を病んだため、総司は戦闘能力を失ってしまう。物の役に立たなくなったからこそ、その死は哀しいのである。まして、元気だった頃の総司は明るく、冗談ばかりいっていたから、それがより際立つのだ。

本書の執筆にあたり、菊地明氏、浦出卓郎氏からご教示を頂いた。また、今回も文庫推進部長の渡辺幸博氏、林里香さんにお世話になった。合わせて、この場を借りて御礼申し上げたい。

平成二十七年五月　　　　　　　　　相川　司

【主な参考文献】

本書を執筆するにあたり、数多くの文献を参考にさせて頂き、また一部を引用させて頂いております。ここに御礼申し上げます。

『新選組始末記』（子母澤寛　中央公論新社）
『新選組遺聞』（子母澤寛　中央公論新社）
『新選組物語』（子母澤寛　中央公論新社）
『新撰組顚末記』（永倉新八　ＫＡＤＯＫＡＷＡ）
『浪士文久報国記事』（永倉新八　ＫＡＤＯＫＡＷＡ）
『新選組史料大全』（菊地明・伊東成郎編　ＫＡＤＯＫＡＷＡ）
『新選組日誌』（菊地明・伊東成郎・山村竜也　ＫＡＤＯＫＡＷＡ）
『土方歳三、沖田総司全書簡集』（菊地明　新人物往来社）
『新選組証言録』（山村竜也　ＰＨＰ研究所）
『松本順自伝・長与専斎自伝』（小川鼎三・酒井シヅ編　平凡社）
『江戸切絵図集成　第五巻　尾張屋板』（中央公論社）
『武術・天然理心流　上』（小島政孝　小島資料館）
『小島日記』（小島日記研究会編　小島資料館）
『新選組余話』（小島政孝　小島資料館）
『日野宿叢書　佐藤彦五郎日記』（日野市）
『日野市立新選組のふるさと歴史館叢書　第三回特別展　新選組戊辰戦争のなかで』（日野市）
『新選組一番組長　沖田総司の生涯』（菊地明　ＫＡＤＯＫＡＷＡ）
『沖田総司おもかげ抄』（森満喜子　新人物往来社）
『知られざる沖田総司』（林栄太郎　新人物往来社）
『新選組隊士遺聞』（林栄太郎・谷春雄　新人物往来社）
『新選組誠史』（釣洋一　新人物往来社）
『土方歳三波濤録』（釣洋一　新人物往来社）
『新選組を探る』（あさくらゆう　潮書房光人社）
『新選組隊士録』（相川司　新紀元社）
『近世大名家臣団の社会構造』（磯田道史　文藝春秋）
『下級武士　足軽の生活』（笹間良彦　雄山閣）
『幕末史研究』各号（三十一人会）
『特別増刊歴史と旅　新選組』（秋田書店）

中公文庫

沖田総司《おきたそうし》
——新選組孤高《しんせんぐみここう》の剣士《けんし》

2015年7月25日　初版発行

著　者　相《あい》　川《かわ》　司《つかさ》

発行者　大橋　善光

発行所　中央公論新社
〒100-8152　東京都千代田区大手町1-7-1
電話　販売 03-5299-1730　編集 03-5299-1890
URL http://www.chuko.co.jp/

ＤＴＰ　嵐下英治
印　刷　三晃印刷
製　本　小泉製本

Published by CHUOKORON-SHINSHA, INC.
Printed in Japan　ISBN978-4-12-206150-7 C1121

各書目の下段の数字はISBNコードです。978－4－12が省略してあります。

中公文庫既刊より

あ-75-1
土方歳三　新選組を組織した男
相川　司
新選組鬼の副長と呼ばれた土方歳三。多摩に生まれ箱館に散るまでの全生涯を新選組の盛衰と比較しながら、新資料を交えて詳細に語る土方史伝決定版。
205760-9

あ-75-2
斎藤一　新選組最強の剣客
相川　司
新選組の中でもっとも謎の多い斎藤一。彼は果たしてどんな人物だったのか？　最年少で新選組に参加し、大正まで生き抜いた男の真実を探る一冊。
205988-7

し-6-32
空海の風景（上）
司馬遼太郎
平安の巨人空海の思想と生涯、その時代風景を照射し、日本が生んだ人類普遍の天才の実像に迫る。構想十余年、司馬文学の記念碑的大作。芸術院恩賜賞受賞。
202076-4

し-6-33
空海の風景（下）
司馬遼太郎
大陸文明と日本文明の結びつきを達成した空海は哲学宗教文学教育、医療施薬、土木灌漑建築と八面六臂の活躍を続ける。その死の秘密もふくめ描く完結篇。
202077-1

し-6-36
風塵抄《ふうじんしょう》
司馬遼太郎
一九八六年から九一年まで、身近な話題とともに土地問題、解体したソ連の問題等、激しく動く現代世界と人間を省察。世間ばなしの中に「恒心」を語る珠玉随想集。
202111-2

し-6-38
ひとびとの跫音《あしおと》（上）
司馬遼太郎
正岡子規の詩心と情趣を受け継いだひとびとの豊饒にして清々しい人生を深い共感と愛惜をこめて刻む、司馬文学の核心をなす画期的長篇。読売文学賞受賞。
202242-3

し-6-39
ひとびとの跫音（下）
司馬遼太郎
正岡家の養子忠三郎ら、人生の達人といった風韻をもつひとびとの境涯を描く。「人間が生まれて死んでゆくという情趣」を織りなす名作。〈解説〉桶谷秀昭
202243-0

し-6-43
新選組血風録
司馬遼太郎
前髪の惣三郎、沖田総司、富山弥兵衛……幕末の大動乱期、剣に生き剣に死んでいった新選組隊士一人一人の哀歓を浮彫りにする。〈解説〉綱淵謙錠
202576-9

し-6-56
風塵抄（二）
司馬遼太郎
一九九一年から九六年二月十二日付まで、現代社会を鋭く省察。二一世紀への痛切な思いと人びとの在りようを訴える。「司馬さんの手紙」（福島靖夫）併載。
203570-6

し-6-61
司馬遼太郎
歴史のなかの邂逅1
空海～斎藤道三
司馬遼太郎
その人の生の輝きが時代の扉を押しあけた――。歴史上の人物の魅力を発掘したエッセイを古代から時代順に集大成。第一巻には司馬文学の奥行きを堪能させる二十七篇を収録。
205368-7

し-6-62
司馬遼太郎
歴史のなかの邂逅2
織田信長～豊臣秀吉
司馬遼太郎
人間の魅力とは何か――。織田信長、豊臣秀吉、古田織部など、室町末期から戦国時代を生きた男女の横顔を描き出す人物エッセイ二十三篇。
205376-2

し-6-63
司馬遼太郎
歴史のなかの邂逅3
徳川家康～高田屋嘉兵衛
司馬遼太郎
徳川家康、石田三成ら関ヶ原前後の諸大名の生き様や、徳川時代に爆発的な繁栄をみせた江戸の人間模様など、歴史のなかの群像を論じた人物エッセイ。
205395-3

し-6-64
司馬遼太郎
歴史のなかの邂逅4
勝海舟～新選組
司馬遼太郎
第四巻は動乱の幕末を舞台に、新選組や河井継之助、緒方洪庵、勝海舟など、白熱する歴史のなかの群像を論じた人物エッセイ二十六篇を収録。
205412-7

し-6-65
司馬遼太郎
歴史のなかの邂逅5
坂本竜馬～吉田松陰
司馬遼太郎
吉田松陰、坂本竜馬、西郷隆盛ら変革期を生きた人々の様々な運命。『竜馬がゆく』など幕末維新をテーマに数々の傑作長編が生まれた背景を伝える二十二篇。
205429-5

し-6-66
司馬遼太郎
歴史のなかの邂逅6
村田蔵六～西郷隆盛
司馬遼太郎
西郷隆盛、岩倉具視、大久保利通、江藤新平など、明治維新という日本史上最大のドラマをつくりあげた立役者たち。時代を駆け抜けた彼らの横顔を伝える二十一篇を収録。
205438-7